麗罡／著

教養專家教你！
引導孩子不吵架、不嫉妒，
學會友愛、分享與合作的
育兒秘笈！

正向的手足教養

目錄 Contents

【心理建設篇：二寶出生前，做好大寶的心理準備】

Chapter 1 二寶出生前，做好大寶的心理建設

Chapter 2 二寶出生後，雙寶相處學問大

Chapter 3 遇到手足爭執時，該如何有效化解？

【教養實踐篇：多寶教養從觀念統一開始！】

Chapter 4 沒有絕對的公平，只有「適當的偏心」

Chapter 5 發掘孩子的個性差異，因材施教

Chapter 6 用安心、放心陪伴孩子成長

1 chapter

二寶出生前，做好大寶的心理建設

想再添一個寶寶的家庭，做好了全部準備，唯獨老大這關過不去。

大寶認為，爸媽給自己添弟弟妹妹，他們就會搶走自己的愛。這該怎麼辦才好呢？怎麼做才能讓大寶不再抗拒呢？

二寶與大寶，相差幾歲合適？
——年齡差影響親密度

天啊，照顧兩個
小孩怎麼這麼累！

媽媽，妹妹
搶我玩具！

狀況1 大寶哭完二寶鬧，兩個孩子讓媽媽累慘了

小嘉和老公都是獨生子女，也許是成長路上有些孤單，他們一直都盼望能有兩個孩子，小時候一起長大熱鬧，長大後遇到事情有個商量的人。頭胎生了兒子後，兩人再生一個的願望非常強烈，於是大寶周歲時，立刻開始「造人」。確定懷孕後，小嘉每天都充滿期待，本以為生活會更幸福，但是煩心事一件接一件來了。

懷孕時，一歲多的大寶正是需要媽媽無時無刻陪伴的年紀，只要沒睡覺都得要媽媽陪著，時不時還要媽媽抱抱，一會兒看不見媽媽就會大哭。懷孕後期身體本來就累，小嘉還要時刻照看大寶。大寶那時已經十幾公斤，婦產科醫生告誡過不要提超過七．五公斤的「重物」，但當大寶抱著腿，仰著頭可憐兮兮地看著自己，嘴裡叫「媽媽，抱抱」時，小嘉內心充滿愧疚。

二寶出生後，小嘉雖然有育兒經驗，但依然會措手不及，生活節奏徹底被打亂了。早上四點多，小嘉還在睡夢中，二寶開始「咿呀、咿呀」，這是餓了。小嘉一骨碌從床上坐起，開始抱著二寶餵奶。餵著餵著二寶睡著了。六點多，大寶睜開眼嚷著要喝奶，還沒把大寶的奶沖好，二寶又哭著要吃奶。看到媽媽抱著二寶，大寶也要抱，一個勁兒地伸手，否則就哭鬧不止。就這樣，夫妻倆一早上圍著兩個孩子忙半天，小嘉累得夠嗆不說，老公上班也經常遲到。

等孩子大一點，吃喝拉撒的事兒少了，可幾乎每天都要處理孩子打架的事，尤其是大寶三歲半、二寶兩歲的時候，兩個人幾乎天天搶玩具打架，為此小嘉整日焦頭爛額，不知道怎麼讓他們兩個相親相愛。「兒女都有了，雖然很高興，卻也苦不堪言。」小嘉頗為無奈。

專家這樣說

生兩個孩子間隔幾歲最好？

事實上，大寶和二寶不同的年齡差，父母體會到的感受不盡相同。因為兩個孩子的年齡差不僅會決定整個家庭的和諧運轉，對兩個孩子的親密度也有很大影響。科學安排兩個孩子的年齡間隔，能輕鬆解決許多問題。間隔幾歲最好？這恐怕是計畫迎接第二個生命前要面臨的第一個問題。

一般來說，大致有以下三個年齡差，利弊各異。

❶ 間隔一～三歲

優點 兩個孩子間隔一～三歲，從養育孩子的時間、衣物、用品成本等方面考慮，最為環保節約。由於年齡相差不大，玩耍和休息都在一個節奏上，爸媽可以集中精力照料，而且大寶更容易接受二寶，排斥心理也較輕，大寶還可以充當二寶的半個行為和語言啟蒙師，關係會更親密。

缺點 生一個寶貝不容易，媽媽的身體消耗特別大。一些媽媽由於前後兩次的孕產期太近，影響了身體恢復。同時，媽媽要照顧兩個嬰幼兒，一旦遇到孩子生病哭鬧，應對會十分辛苦，給自身帶來較大的負擔。而且，撫養兩個孩子同步帶來的各種費用是集中的，家庭經濟壓力大。

❷ 間隔四～七歲

優點 兩個孩子間隔四～七歲，一般情況下，當二寶到來，大寶已進入幼稚園學習，可以給予兩個孩子較高品質的陪伴。而且，幾年的時間裡，媽媽的體力和精神狀態相對良好，會更有精力迎接二寶。由於兩個孩子間隔幾年，經濟上總體較為充裕，不太會影響到生活品質。

四～七歲的孩子已經具備基本的生活能力，如果不是特別排斥弟弟或妹妹，大寶通常可以幫助爸媽照看二寶，做一些力所能及的家務等，不僅會促進父母與大寶的感情，也有利於培養大寶和二寶的感情。即便這種感情稱不上親密無間，也會是一種相對自然和諧的關係。

缺點 相差四～七歲的兩個孩子生活和思想不在一個節奏上，大寶此時處於自我人格建立期，二寶還處在懵懂的嬰幼兒期，彼此之間很少有共同參與並喜好的目標。如果父母過度重視二寶，會容易讓大寶產生被忽略、被冷落的感覺，對二寶的排斥心理也相對嚴重，甚至完全不理睬或故意欺負二寶。

3 間隔七～十二歲

優點 兩個孩子間隔七～十二歲，此時大寶已上小學或中學，這時要老二，說明父母都是很有主見和想法的，身體健康，且經濟能力充裕，生活較平穩。此時再養育一個孩子，新生命的誕生無疑會帶來無限的喜悅和感動，夫妻關係更甜蜜，也能使家庭氛圍更歡樂。

缺點 此時老大正值叛逆期或青春期，處事固執，經常頂撞父母，不好管教，通常會強烈抵制二寶。即便勉強接受二寶到來，也會帶著二寶嬉戲玩樂，但更多的也只是一種從上到下的照顧，出於哥哥或姐姐的責任，缺乏主動的帶有激情的投入，早期不容易成為真正意義上的朋友。如果父母未能及時給予大寶關注和肯定，大寶會變得較叛逆，引發孤僻、暴躁等不良心理。

生活中大小的事情，必須根據實際情況來確定，同一件事每個人會有不同的做法。所以，二寶與大寶究竟間隔幾歲最理想，並沒有標準答案，大家可以參考以上不同間隔期的利弊，結合自身身心狀態及家庭情況，再做出合理的安排。

年齡差是影響彼此關係的一個客觀因素，但不是唯一要素，因為兩個孩子的成長，除了年齡，還與性格以及父母教育、家庭環境等多個方面有很大關係。所以，無論年齡相差大還是相差小，只要父母加以科學正確地引導，完全能消除年齡差帶來的負面影響。

別因為擔心大寶反對，所以故意隱瞞他

——提早建立與孩子溝通的管道

媽媽的肚子怎麼一天比一天大，好奇怪喔！
該怎麼跟孩子說，他要有一個弟弟了呢？

狀況2 擔心孩子吃醋，所以遲遲沒告訴孩子自己懷孕了

「早知道女兒這麼介意我生二寶，我就不該故意隱瞞她。」王太太今年三十三歲，夫妻兩人都是公務員，工作穩定。雖然不是大富大貴，但小家庭美滿和睦。王太太考慮要生第二胎，一是覺得女兒沒有伴，太孤單；二是希望能生一個兒子，湊一個「好」字。

夫妻兩人商量不謀而合，去醫院檢查了身體，醫生說兩人都沒什麼問題。由於擔心女兒不同意，夫妻偷偷商量，反正女兒現在只有九歲，懵懵懂懂的，先懷上再說，等到時生下來，看到那麼可愛的二寶，女兒就算再不願意也不會反對的。於是王太太進入備孕階段，沒想到一個多月就順利懷孕了。

懷孕期間，王太太孕吐很厲害，經常吃著飯就跑廁所吐。「媽媽，您怎麼了？」女兒總是睜著大眼睛追問。好幾次都想告訴女兒真相，又怕女兒鬧情緒，便搪塞說自己生病了。過了幾個月，王太太的孕肚已經很明顯。女兒又問：「媽媽的肚子怎麼變大了？」王太太就稱自己只是胖了。

後來從鄰居的談話中，女兒得知媽媽懷孕八個多月了，她一回到家就開始哭鬧：「你們都是騙子，為什麼不跟我商量？」、「你們一直想要兒子！」……接下來三天，全家出動安慰女兒，女兒卻認定父母嫌棄自己是女生。後來為了報復父母，她居然開始蹺課，任誰勸都不肯再去上學。

專家這樣說

提早溝通，避免孩子失去安全感

看到這，也許不少人會覺得這是任性又不懂事的孩子，做父母的要生第二胎，還需要跟孩子報備嗎？其實，生第二胎跟大寶關係可大呢！大寶也是家中一員，也是一個獨立個體，他們雖然小，卻也有自己的思想和意識、自己的喜怒哀樂，所以父母應該尊重大寶，跟大寶溝通好，尤其是第二胎這件事。

愛都是自私的，不希望被人瓜分，大人都有這樣的心理，為何就不允許孩子有這樣的想法呢？我們認為大寶反對弟弟妹妹的到來就是自私，可是我們卻忘了，他只是個需要被疼愛的孩子，他想維護自己在家中的地位，想擁有爸媽更多的關注，這本身沒有錯，不是嗎？

所以，千萬不要等二寶出生了才和大寶溝通。如果是意外有了二寶，也不要迴避，畢竟還有十個月可以和孩子溝通。

其實計畫要二胎時，如果孩子什麼都不知道，只能靠聽到和看到的猜測，只會讓他感到不安，失去安全感。所以，父母最好將你們的計畫說出來，徵求大寶的意見，了解他的真實態度和接受程度。

大寶可能對即將到來的二寶有著非常複雜、強烈的情緒。不管大寶的態度怎麼樣，我們都可以平和對待他的意見，鼓勵他釋放自己的情緒。比如可以問：**「媽媽能理解你的心情，媽媽懷孕了，不能像以前那樣每天陪你玩，你是不是不開心？」**

在和大寶提出問題時，要事先做一些引導。比如，帶大寶觀看一些比較和睦的雙寶動畫片，通過簡單的詢問自然引出話題：「這個妹妹好可愛，是不是？」、「弟弟和妹妹，你更喜歡誰呢？」、「他們兄弟兩個互相幫助，多有愛！」等等。接下來，你可以通過大寶的態度和回答，來確定大寶的態度是歡迎，還是反感，或者乾脆沒感覺。

如果大寶對這些問題並不反感，甚至願意發表意見，恭喜你，找機會提出二胎計畫會比較容易。當然，這裡也不是說不看情況直接和大寶討論，要選擇大寶心情比較愉快、放鬆的時候，比如玩遊戲、散步時討論，效果會好一些。這樣可以讓大寶提前做好心理準備，當二寶出生後，大寶就不會因為事出突然而產生強烈反應，日後也能避免不少手足衝突。

專家這樣說

不要強制逼迫大寶接受

切記，過程中，父母千萬避免想要二寶的強烈意願。

如果大寶正處於心情不好的階段，或者對第二胎特別排斥，不要強制性地逼迫大寶。接受孩子的哭鬧及脾氣，過段時間再耐心地找機會引導，多交流、多溝通、多講道理，慢慢引導，通過改變觀念讓他接受生二寶的事實，以免孩子出現過激反應。

在這個過程中，不妨告知大寶真實的初心和考慮：**「爸爸媽媽想要兩個寶寶，因為我們希望在這個世界上多一個親人，希望多一個人可以和你相互陪伴，共同成長。」**並坦誠自己的擔心和苦惱——**「但是我們擔心你會因此不開心，我們很苦惱你不願意接受爸爸媽媽生弟弟妹妹這件事。」**

當我們為自己做了決定，並真誠向孩子袒露心聲時，善良如孩子，純真如孩子，又怎麼會拒絕如此真誠的我們呢？

解除大寶擔心爸媽被搶走的憂慮

媽媽有了小寶寶，是不是就不要我了？
尼古拉最近好像變得怪怪的……

狀況3 小淘氣尼古拉的擔心

有部法國電影叫《小淘氣尼古拉（Le petit Nicolas）》，是一本漫畫改編的喜劇電影。

尼古拉是一名剛上學的小學生，深受父母寵愛，天真爛漫，在學校也與一幫朋友玩得開心。班上一個同學家裡有了小弟弟，這位同學非常「傷心」，因為他覺得弟弟搶走了爸媽的關注和愛。一下子，班上的孩子們都覺得有一個弟弟或妹妹是非常恐怖的事情。

一天，尼古拉的爸爸邀請公司老闆及夫人來家裡吃飯，以便獲得老闆的青睞，方便獲得升職加薪，誰知他們的談話影響到尼古拉。尼古拉誤以為媽媽懷孕了，他不久將會有個弟弟，而且爸媽因為這個弟弟，不想照顧他了，要把他扔掉。

尼古拉沮喪極了，將一幫小夥伴們召集在一起商量對策，大家七嘴八舌出了一堆建議，包括送花、大掃除，甚至找罪犯領養弟弟等荒謬辦法。為了想盡一切辦法讓媽媽喜歡自己，尼古拉用三法郎買玫瑰花送媽媽，陪媽媽去全是女人和女孩的聚會，帶著他的一群夥伴到家裡，一起手忙腳亂地打掃衛生，還引發了一連串啼笑皆非的誤會。

專家這樣說 解除孩子心中的壓力

調查發現，想要第二胎的父母在跟孩子溝通時，有九〇%的孩子都會拒絕擁有一個弟弟妹妹。理由各種各樣，最普遍的是：「如果爸媽再生一個弟弟妹妹，他們肯定不會像現在這麼愛我了！」也就是說，擔心父母的愛被即將到來的二寶剝奪，會使大寶覺得地位受到威脅，甚至會有被拋棄的感覺。

小孩在心理上比較脆弱和敏感，本來集「萬千」寵愛於一身，二寶的出現勢必會奪走原本專屬的關愛，這種潛在的敵對心理很容易讓他們造成壓力。「有了弟妹妹，以後我就不是爸媽唯一的孩子了。」、「爸媽不能像以前那樣整天陪伴我了，如果我不乖可能還會被丟掉。」如此怎能不感到恐慌？在這種情感落差下，大寶很容易在心裡討厭這個來和自己爭寵的「壞二寶」。

所以，千萬不要因為大寶年紀小，就忽略他們的心理感受。一旦知道自己將有個弟弟或妹妹，敏感的心就會意識到自己的生活即將發生變化。爸媽要及時讓大寶了解情況，這樣就不會因為事發突然而產生強烈反應，也可以避免因為不了解實際情況而疑慮和擔心。

要做到這一點，需要爸媽花一些心思。

❶ 提前預告不可避免的事實

二寶未出生時，先向大寶預告不可避免的事實——家裡將添加一個新成員，他非常重要，和你一樣重要。也不用刻意隱瞞二寶出生後，爸媽會把一部分時間和精力分給二寶的事實。關於這點，越早溝通越好。雖然大寶可能不會完全懂，但是至少可以提前有個心理準備，以免突如其來的失落感和孤獨感。

❷ 理解並體諒大寶的憂慮

如果家長能理解並體諒大寶的這種情感，讓孩子充分認識到你們並不會因為有了二寶而不愛他，一切就好辦多了。

當大寶不高興時，你可以試著幫他說出感受：「你不太開心？你擔心二寶出生後媽媽不愛你了是嗎？媽媽不能像以前那樣陪你了？」、「二寶需要媽媽花時間照顧，但這不會分走媽媽對你的愛，我們永遠愛你。」、「二寶和你一樣都是爸爸媽媽的孩子，我們是一家人，我們一樣愛你們。」

專家這樣說

品質良好的陪伴最重要

大人有一點點變化孩子都能感受到，何況你要他們接受的是一個弟弟妹妹的到來，就算說得再好，爸媽的愛也會分給另一個孩子，也是事實。所以，說得再多，不如有些行動。平時可以多陪陪孩子，和孩子說說話，多一些親近行為。比如輕輕抱抱，握著孩子的手，摸摸孩子的頭髮，等等。這些行為看似不起眼，卻能讓孩子時刻感受到你的溫情。

在準備要二胎時，小趙提前和七歲的女兒商量。誰知女兒一聽就跑到房間，不一會兒傳來了哭聲，連晚飯也不肯吃。一邊哭一邊說：「有了弟弟妹妹，你們就不會愛我了。」看來，女兒對於失去爸媽的愛是多麼恐懼。

了解情況後，小趙抱起女兒，一邊撫摸女兒的頭，一邊安慰：「放心，我們永遠愛你，永遠不會因為有別的孩子而忽視你、冷落你，你永遠是家裡的大公主。」聽到媽媽這樣說，女兒終於停止了哭泣。

懷孕後，小趙對女兒和以前一樣，睡覺前會講故事，假日會陪女兒去遊樂園。儘管懷孕後期，有時感到力不從心，但小趙不會以這個為理由拒絕陪伴女兒，儘量滿足女兒的合理需求。比如，當女兒請求媽媽抱抱時，她會換個姿勢，坐著抱或躺著抱，或者讓爸爸或家人幫忙抱。

就這樣，女兒的憂慮慢慢少了，後來甚至盼著媽媽趕緊生個可愛的妹妹。

別把生不生的壓力轉嫁給孩子

——大人的壓力不該讓孩子承擔

我才不要有弟弟妹妹呢，媽媽你不要生！
該不該把二寶生下來呢…如果影響到大寶怎麼辦？

狀況4 要不要生二寶？讓大寶決定好了?!

一位三十二歲的孕媽媽，懷孕快三個月了，但是她打算放棄腹中寶寶，來做人工流產手術。按照慣例，醫生會詢問原因：「你年紀不大，懷孕快一百天了，胎兒發育得挺好，為什麼放棄？」「唉，我也是沒辦法……」這位孕媽媽無奈地回答：「當我問兒子想不想當哥哥時，我兒子堅決不要。」

「實在有點可惜，要不要再考慮一下？」醫生建議。孕媽媽搖搖頭，非常無奈：「我兒子脾氣很倔強，他讓我在兩個孩子間選一個，我不想破壞我們的關係。」孕媽媽有選擇的權利，醫生尊重了孕媽媽的選擇。

回家後，這位媽媽發現兒子的不良情緒依然明顯，每天放學後，一直留在學校裡不願意按時回家。就算回到家裡，他也是把自己關在房間裡，不和父母交流。這位媽媽感到委屈極了。「就是因為兒子反對，我才不要孩子的，我為他做出了如此大的犧牲，他為什麼一點也不體諒和感激我？我到底該怎麼做？」

專家這樣說

勿把壓力轉嫁給孩子

看到這樣的事例，相信正常人都會指責這位母親的無知。

在這個案例中，我們看到當兒子做出威脅舉動後，媽媽選擇了妥協與順從，這看似是一種愛，實際上卻傳遞給孩子一個錯誤信號，認為威脅是實現目的的有效途徑。今後，當他有其他訴求得不到滿足時，會不會再度祭出這一撒手鐧？極有可能。

當我們問大寶，你要不要弟弟妹妹時，這代表了什麼？如果大寶回答要，他就一定會愛弟弟妹妹嗎？如果回答不要，難道就要放棄嗎？仔細思考一下，在要第二個孩子時，很多父母會徵求大寶的意見，除了出自對尊重外，更多的是包含其他目的：我們生孩子會顧及你的想法，看看我們是多麼好的父母。懷不懷孩子我們定，要不要孩子你來定，你是老大，你的責任更大。如果你同意了，你就要負責任，以後有什麼問題，不能怪我們。

很明顯，這是把生不生的壓力轉嫁給了孩子。我們必須認識到，大寶的意見可以作為參考，但真正的決定權在自己手上。畢竟生孩子是如此重大的一件事，怎麼能把責任丟給一個孩子。我們最應該做的是，及時對大寶做心理上的疏導，徵得他的理解與支持。

專家這樣說

爸媽應充分溝通後再做決定

要第二個孩子，最應該考慮的問題其實是：

Q：你們夫妻感情好嗎？

孩子成長需要一個和睦快樂的氛圍，如果父母經常爭吵和矛盾，勢必會對孩子造成負面影響。這一點在生育第一個孩子時就可以觀察到，如果夫妻感情不佳，是不建議要二胎的，除非先改善夫妻關係。這就需要思考，我們如何在又一個家庭成員加入的時候，更加相親相愛，讓家庭氛圍更好。

切記，給孩子一個充滿愛的家庭環境，遠比昂貴的玩具重要。

Q：你們有足夠的時間嗎？

孩子在成長過程中，無時無刻需要父母陪伴，需要父母之間的協調配合，工作與家庭之間的平衡。如果夫妻兩人都忙於工作，勢必會減少對孩子的陪伴，那麼孩子性格方面的發育就可能扭曲，表現為孤僻、霸道等特徵。

為此，你們需要討論一下將來如何生育二胎、教養兩個孩子。比如，家事如何分擔，工作如何安排，大孩子如何帶？這些問題討論得越清晰，夫妻就越容易有效合作，兩個孩子才可能快樂成長、親密無間。

Q：你們的經濟條件是否能支持再要一個孩子？

要二胎不能一時衝動，畢竟生養和撫育兩個孩子，吃、穿、用、行、教育等方面是一筆不小的經濟負荷。如果你們沒有這個經濟實力，為了不讓兩個孩子受委屈，還是暫時別要二胎為妙。一個孩子養起來已經捉襟見肘，再要一個豈不是雪上加霜？當然，這一點每個家庭有每個家庭的養法，自行決斷。

Q：你們身體和心理上都做好準備了嗎？

生第二胎意味什麼？媽媽可能會因為再生一個孩子而身材走樣，難以恢復，還可能從此不能在晚上睡個好覺。更重要的是，還要擔心他生病，憂慮他的將來，你確定已經做好這些準備了嗎？

注意，女性身體處於最佳狀態時受孕，胎兒才能發育得相對更好一些。如果年齡偏大，超過三十五歲，一定要去醫院做全面檢查，需要調理就調理，並做出相應的預備措施。男性也有必要檢查和調理身體，將身體調整到最佳狀態。如果身體條件不允許，千萬別輕易冒險。

Q：你們為什麼打算要第二胎？

「已有一個小孩，還想湊成好字。」、「一個小孩太孤單，多個小孩熱鬧。」、「多個小孩，可以減輕將來養老壓力。」、「單純地喜歡孩子。」……這是不少人選擇生第二胎的原因，但我們最應該思考——作為孩子的第一個老師，我們應該成為什麼樣的父母？要求自己擁有平和的心態、穩定的情緒，才是成就育兒願景的前提。

如果這些問題你們都沒有想過，簡單把生不生的壓力轉嫁給孩子，很可能之前跟大寶的關係就存在很多問題，現在只不過藉由此事激發出來了而已。

從孕期開始培養大寶對二寶的愛
——讓孩子實際參與陪伴

如果大寶排斥二寶怎麼辦？
養隻小狗多好，我才不要有弟弟妹妹呢！

狀況5 寧願要小狗，也不要弟弟妹妹

媽媽懷孕了，問三歲的女兒：「你想要弟弟還是妹妹？」

「不要，不要。」女兒說。

媽媽耐心開導：「有一個弟弟或妹妹，以後你就有玩伴了。」

「媽媽，我喜歡小狗，」女兒說，「我可以和小狗玩，你生隻小狗吧！」

見媽媽面露難色，女兒又說：「不然小貓也可以！」弟弟妹妹還不如小貓小狗，這聽起來似乎很好笑，卻反映了孩子對弟弟妹妹通常沒有任何的概念，一時很難接受。

這也提醒了不少即將迎來第二個寶寶的家庭：如果遇到大寶抗拒，如何讓大寶快樂地迎接二寶？

專家這樣說

提高大寶的實際參與度

從懷孕開始，爸媽就可以讓大寶從行動中參與，提早幫助兩個孩子建立連接。

比如，幫二寶準備東西的時候，讓大寶為弟弟或妹妹選衣服、奶瓶等，讓他感覺二寶也是家庭中的一員。在為二寶取名字的時候，也讓大寶提供自己的想法，或是父母寫出幾個名字，讓大寶挑一個……，這些活動會讓大寶感受到這個家庭不能少了自己，對即將成為哥哥姐姐感到興奮。

為了培養大寶對二寶的愛，不妨也可以用二寶的名義送禮物給大寶，買一套大寶喜歡的衣服、準備大寶喜歡的零食等，告訴他「這是弟弟妹妹送你的禮物，以後請多多關照」，這招很多媽媽都用過，如此大寶會更期待弟妹的到來。總之，讓大寶對肚裡的寶寶產生一種期待感，目的就達成了。

小曼的兒子小名叫「一一」，為了化解大兒子一一因為妹妹誕生產生的焦慮不安，小曼在懷二胎的時候，就想辦法讓一一接受妹妹，除了各種暗示，在為妹妹取名時還徵求了一一的意見，問他希望妹妹叫什麼名字？一一說「花花」。這個名字來自一一看的一部動畫片，裡面有一隻小老虎叫花花。雖然只是一個小名，卻為一一帶來了小小的責任感與成就感，對妹妹非常愛護。

專家這樣說

一堂最珍貴的生命教育課

雖然懷孕後會面臨許多問題，例如孕吐、肚子隆起等，媽媽生理和心理都會受影響，但是面對老大，媽媽應努力呈現一個好的狀態。不舒服的時候，用具體症狀回答孩子的「為什麼」，別籠統說因為「弟弟」或「妹妹」，這會讓關心媽媽卻又不懂其中道理的大寶，對折磨媽媽的任何人懷有敵意。

媽媽不妨把身體的一些變化向大寶說說，有胎動的時候，讓大寶也來撫摸一下，或者貼在媽媽的肚子上，聽聽胎兒的動靜，跟肚子裡的寶寶打招呼、講話。如果有機會，可以帶大寶一起去做超音波，看看未來弟弟妹妹的超音波照片，這些都可以讓大寶感受到生命的神奇，同時對於弟妹的到來充滿期待。

在此期間，大寶可以真實地看到一個小生命孕育的過程，不妨適時告訴他，你也是這樣在媽媽肚子裡長大的，讓大寶明白自己曾經也住過現在二寶住的「房子」，明白同胞兄弟姐妹的意義，有利於激發大寶的愛心和對弟妹的照顧欲望。

經過一段時間的這種親子互動，相信大寶對二寶不再陌生，可以接受二寶到來，並且為自己即將成為哥哥或姐姐而自豪和驕傲。

別讓他人的玩笑話，加深孩子的憂慮

有了弟弟妹妹，媽媽就沒時間照顧我了嗎？
不管什麼時候，媽媽永遠都愛你！

狀況6 鄰居阿姨說，媽媽有了弟弟就不要我了

小梅懷孕了，因為有提前和大女兒唐唐預告，一切進行得很順利，但依然會遇到頭疼的事。這天，小梅帶著唐唐在中庭玩耍，一位阿姨走過來逗唐唐：「你媽媽有了弟弟，以後就不喜歡你了。」

唐唐瞪圓了眼睛：「哼，才不是呢！」那位阿姨假裝嚴肅地對唐唐說：「真的，將來你媽媽有了弟弟，就要去照顧弟弟了，哪還有時間照顧你？」

唐唐扭頭看了看媽媽，雖然她嘴上說不相信，但是表情卻顯示出她有點懷疑了。小梅覺得這只是在開玩笑，看著唐唐認真又糾結的樣子，她和阿姨一起笑了起來。誰知，唐唐猛地一扭頭，生氣地跑掉了。上樓前，唐唐特意問了媽媽一句：「媽媽，有了弟弟，你還喜歡我嗎？」

汪梅非常肯定地回答：「喜歡，不管什麼時候媽媽都喜歡你。」

但是這件事情造成的影響還沒結束，那一段時間，唐唐不再願意去中庭玩，寧可窩在家裡纏著媽媽玩玩具。晚上，也一定要和媽媽一起睡。那時小梅的孕肚已經很明顯，擔心唐唐睡覺時會不小心踢到肚子，便不同意。誰知，唐唐就會哭鬧：「你只喜歡弟弟，不喜歡我了……」

專家這樣說

無心的「玩笑話」卻讓孩子心靈受傷

瞧瞧，外人一句「媽媽有了弟弟，就不喜歡你了」，對唐唐造成多大的影響。

有了二寶之後，幾乎每位媽媽都會遇到他人逗弄孩子的情景，這些人可能只是開玩笑，但千萬不要掉以輕心。雖然說出「媽媽不喜歡你，只喜歡弟弟」這樣的話只需要幾秒鐘，但是在二寶即將到來的那段時間裡，大寶本就焦慮、恐懼和不安，若再加上這句話，就會在大寶的心靈造成創傷。

如果父母和大寶的親子關係不夠和睦，或者最近不愉快，這樣的玩笑話無疑具有強大的殺傷力，等於火上澆油。

生活中總免不了一些親戚朋友，為了逗孩子故意說出「媽媽有了弟弟，不喜歡你了」、「你爸媽生了妹妹，不要你了」、「再生一個二寶，把好吃的好玩的都給二寶」……，這樣的言語對孩子有莫大的刺激和引導，會激發孩子心中的緊張、焦慮、沒有安全感等負面情緒，進而對弟妹產生排斥，甚至敵對情緒。

所以在二寶出生前，可以提前跟親戚朋友打招呼，避免說出會「離間」大寶和二寶的玩笑話。更不要用這種話來試探孩子，成人的人性都經不起考驗，何況孩子。

親戚朋友還比較好處理，還有很多不可預知的場合。這時父母千萬不要礙於情面而保持沉默，或者賠笑，甚至幫腔，這對孩子的傷害會更深更廣。保護孩子不受到傷害，是每位父母的責任，此時你要及時站出來，提醒別人不要這麼做：「請不要這樣逗孩子。」

避免孩子被「逗」而受傷害，照顧好孩子的感受，這類玩笑通常會將無法預期的創傷或忌妒留在孩子的心中，因此父母親一定要相當嚴正的和孩子澄清：**「沒有人能改變媽媽（爸爸）對你的愛」、「爸爸跟媽媽對你的愛，不會因為任何人而改變」**，這是一種對關係由衷的連結，建立孩子內在的安全堡壘。

專家這樣說

建立親密無間的親子關係

在這一方面，小梅的做法值得稱道。

當意識到他人的玩笑對唐唐的傷害後，小梅時常會表達對唐唐的愛，並試著教她積極應對。

之後再有人逗自己時，唐唐不會再像以前一樣驚慌失措，而是直接反駁「我媽媽說那種話是騙人的」、「我媽媽永遠都會愛著我，我才不相信！」聽見唐唐這麼回答，逗她的人頓時覺得無趣，便不再逗她了。

當然，最要緊的是建立親密無間的親子關係。如果父母和大寶平時足夠親密，關係融洽，父母給大寶的安全感良好，大寶深信爸媽對自己的愛，那麼即便遭遇他人的逗笑，大寶可能也會一笑了之。即使大寶產生了懷疑，影響也不會很大，只要經過父母及時的解釋，他也很容易恢復到正常的狀態。

怕就怕，你與大寶的親子關係早就出現問題，當他人故意逗笑時，你也根本意識不到大寶因此而產生了疑慮，沒有及時採取措施彌補。這種情況下，以後你想和大寶重建理解和信任，就將是一個艱難的過程。

循序漸進，幫大寶建立好家庭角色認知

狀況7 有了弟弟妹妹，媽媽就不能陪我睡覺了

開學都快一個月了，一對母子彷彿生離死別般在幼稚園門口拉扯著。

兒子又哭又喊，嘴裡含糊不清地說：「媽媽，我不要上幼稚園，我不要離開你……」媽媽一開始還好言相勸：「乖，幼稚園好多小朋友，好多好玩的，你不是最喜歡幼稚園了嗎？放學了，媽媽早早來接你。」「我不要離開你。」兒子還是不依不饒，就是不肯進幼稚園。那位媽媽火了：「你鬧夠了沒有，上學都遲到了，趕緊進去。」

一旁的老師有些不解，問道：「小明今天怎麼了，以前滿喜歡上學的啊？」那位媽媽嘆了口氣：「昨天告訴他我懷孕了，已經鬧了一晚上了，今天還是不行。」

「您是怎麼和孩子說的呢？」老師問。「我覺得他六歲了，已經懂事了，告訴他媽媽肚子裡有了二寶，你是大哥哥了，以後媽媽不能陪你睡覺了。誰知道他一晚上抱著我睡覺，今天也不肯上學，太不懂事了。」

專家這樣說

循序漸進開啟與孩子的對話

媽媽提前把懷孕的事實告訴大寶，以為能讓大寶更快適應情況。殊不知，看似安慰的話，反而引起大寶的焦慮和不安。媽媽那句話造成大寶不恰當的原因，是因為他讀到的資訊是，原來弟弟妹妹出生，是要跟我分享媽媽的，於是就讓他和二寶產生了對立。

在告訴大寶關於二寶的事情時，其中關鍵的是提前幫大寶建立好家庭角色認知。

對孩子而言，重新建立家庭角色認知並不是一件簡單的事，需要一個循序漸進的過程。

Step 1 站在大寶的角度和立場說明

在提及二寶時，父母要站在大寶的角度與立場來說明，不妨這樣告訴他：

「我們決定要一個寶寶，爸爸媽媽覺得你太孤單了，以後你會有一個伴，有什麼事情，你們可以互相互助。」

「在這個世界上，你將擁有一個親人，一個和我們一樣愛你的人。」

「以後你就是大哥哥了，作為家裡的大孩子，這證明你已經長大了。」

「我們知道接受一個弟弟或妹妹的確不容易，但你願意跟爸爸媽媽一起學習做一個好哥哥／好姐姐嗎？」

這會讓大寶意識到爸媽在乎自己，深愛自己，接下來他便容易接受和接納二寶！

Step 2 通過角色模擬引導大寶

和大寶一起玩照顧寶寶的遊戲，網路上有很多款類似的虛擬遊戲。寶寶髒了，一起用肥皂和海綿幫寶寶洗澡。寶寶餓了，需要喝牛奶；寶寶不高興了，給他玩玩具讓他停止哭泣；寶寶出門，需要準備各種衣服。這種角色模擬會讓大寶充滿責任感和成就感，進而對二寶的到來充滿期待。

在整理大寶的物品時，也可以適時地告訴他：「這件衣服太小了，留著給二寶穿，好不好？」、「這雙鞋子是你小時候的，現在你穿不下了，要不要送給二寶？」這可以幫助大寶建立「我的東西可以給弟妹使用」的概念，以及「我要當哥哥姐姐」的家庭角色認知，逐漸培養包容、接納、關心和照顧別人的情感。若是大寶不願則不要勉強，避免大寶認為自己喜歡的東西被「搶」走了。

Step 3 讓大寶認識到，擁有一個弟弟或妹妹是很美好的事

雖然二寶的到來會對大寶的生活產生影響，可能將面臨玩具、零食，以及家庭資源等的共用與分享。但是，我們也需要讓大寶提前明白，二寶也會帶來一些好處，擁有一個弟弟或妹妹是很美好的事，消除孩子的顧慮和疑惑。

在這一方面可以投其所好，表達得越具體越好，例如「買漢堡時我們可以多點幾個口味，你們兩個人換著吃」、「你倆的玩具可以換著玩」、「你會得到二寶的愛，二寶長大後也會愛你」等。獨生子女的童年往往是孤獨的，如果能引導孩子接受一個玩伴，兩人一起玩耍，父母的愛也都是雙倍的，孩子一定會高興地接受。

爸爸若有兄弟姐妹，不妨多和大寶講一些關於兄弟姐妹間的故事，還可以給大寶看一些和二胎有關的繪本，如《小小大姐姐》（上誼文化）、《我當哥哥了》（維京）、《怎樣當個小寶貝》（典藏藝術）等。故事和書本對孩子的影響非常大，往往會超過日常的言語薰陶，而這些小故事中不經意透露出來的手足之情，能讓大寶認識到兄弟姐妹之間的愛和歡樂，認同故事裡哥哥或姐姐的角色，期待自己也有弟弟妹妹。

說到這裡，相信許多父母已經明白了，大寶之所以不接受弟妹的到來，最根本的原因不是自私，而是他們不明白有一個弟弟妹妹意味著什麼，對自己會產生什麼樣的影響。循序漸進，幫大寶建立好家庭角色認知，接下來就會順利多了。

2 chapter

二寶出生後，雙寶的相處學問大

二寶來了，大寶的安全感必然缺失，這時的他更需要陪伴。

所以，你給二寶多少愛，也一定要給大寶多少愛，甚至更多。要始終撫慰大寶那顆敏感易傷的心。

二寶出生後，更要關心大寶的情緒反應
——看見孩子情緒背後的擔憂

大寶最近變得不愛講話又常發脾氣，是怎麼了？
媽媽都只注意弟弟，沒空注意我了……

狀況1 老大變得沉默寡言，情緒起伏大

田希家有兩個寶寶，大女兒叫芊芊，今年剛上幼稚園；小兒子叫楚楚，剛滿四個月。

這天，田媽接芊芊放學時，老師悄悄將她拉到一邊，說芊芊最近狀態不太好，每當同學們一起玩的時候，她總是一個人默默站在旁邊。上課時也很少發言，而且還經常發呆。

「是嗎？以前芊芊不這樣啊！」田媽有些驚訝。

「我也覺得奇怪，便私下問她怎麼了。」老師說，「一開始芊芊不願意

說，後來我告訴她不會告訴別人，她才將心中的小秘密告訴我——她最近心情很不好，因為爸爸媽媽都愛弟弟，不怎麼理她了。」

老師的「告密」，讓田希更擔心了。

原來，田媽和老公都是獨生子女，有了芊芊後，他們就考慮再生一個，跟芊芊做伴。楚楚剛出生那幾天，芊芊很開心，每天早上醒來都要先看看弟弟，這令田媽懸著的心放了下來。兩個孩子湊成一個「好」字，夫妻兩人更是喜不自禁，總是抱著楚楚看了又看。親友來家裡時，往往一進門也會直奔楚楚而去，因為可愛的小嬰兒總是更吸引人，有些親戚還會直接評價起來：「二寶長得精緻，多像媽媽，以後會是個大帥哥。」

所有人都沉浸在喜悅中，完全無視角落裡默不作聲的芊芊。漸漸地，芊芊變得有些反常，不再像以前喜歡玩鬧了，經常一個人看電視。只要媽媽一離開視線，她就開始大喊大叫。遇到不順心的事情，她也會亂發脾氣，哭鬧不止……「明明二寶出生前她那麼興奮、那麼激動，說好會幫媽媽照顧二寶的，怎麼都不算數了？」這令田媽莫名其妙，卻也無可奈何。

專家這樣說

要讓大寶知道，爸媽的愛沒有減少

很多家庭有了二寶後，卻發現大寶成了「問題孩子」。其實，並不是大寶沒有以前乖，而是父母沒有平衡好對兩個寶貝的關愛。

在二寶出生前，大寶是家裡的獨生子女，好吃好玩的全部都是自己的，爸媽也只愛自己一個人。大寶習慣以自己為中心，沒有機會分享，當然也缺少分享的習慣和能力。

二寶來了，大寶的世界全變了。

最明顯的改變就是所有大人都不再整天圍著自己轉了，而是將大部分精力都花在剛出生的二寶身上。儘管已經為大寶做了心理建設，但當二寶真的來臨，大寶就會發現現實和自己想的不一樣，因為他不再像原來一樣享受萬千寵愛於一身了，要真實面對父母的關注和愛被另一個人分走，甚至全部奪走的局面。

強烈的反差對於年紀尚小的大寶來說，當然會無所適從，甚至不知所措，他們需要一個慢慢接受和調整的過程。在此期間，如果父母處理不當或者不及，很容易使大寶產生一種「地位不保」之感，認為爸媽不再愛自己，進而變得不愛說話、悶悶不樂或亂發脾氣等。

有位媽媽回憶起自己兒時的經歷：「我是姐姐，家裡還有一個妹妹，我倆只差一歲半。小時候，媽媽總是背對著我哄妹妹入睡，我心裡特別難過，總是不停哭泣，媽媽則指責我不乖，最後我只能抱著媽媽的腳睡覺。二十多年了，我仍然記得當時被拋棄的感受，這令我總是懷疑自己不被愛。」

是的！當第二個寶寶降臨時，不論我們做了多麼充分的準備，大寶都會被這巨大的變化打亂陣腳，一種巨大的生存壓力隨之而來。有些大寶不知道怎麼表達自己，便會用行動表示緊張、憤怒和不滿。有些大寶看起來很「乖」，不哭，也不鬧，但是情緒都藏在心裡，整天悶悶不樂。其實大寶也不想這樣，他也不知道自己是怎麼了，但我們要明白此刻的大寶正在向我們求救。

「媽媽，你還像以前那樣愛我嗎？」

「媽媽，我還重要嗎？」

「媽媽，我的存在還有意義嗎？」

「媽媽怎麼辦？我不想失去你！」

面對大寶如此深刻的提問，我們應該怎樣回應呢？

我們需要隨時明確地告訴大寶：「媽媽愛你，和之前一樣愛你！」

專家這樣說

高品質的陪伴並接納大寶的情緒

事實上，在大寶發出信號之前，我們就應該時常向他表達愛意，多親吻、多撫摸、多擁抱！即便有了二寶，我們仍要確保這樣的相處模式。哪怕再忙再累，每天也要抽時間陪陪大寶，一起玩遊戲，讀一會兒書，或者講個小故事，這不會花費多少時間，卻會讓大寶知道你心裡有他。

更重要的是，我們要從內心接納大寶的情緒，允許他對二寶的到來焦慮不安，允許他可以嫉妒、可以不滿，允許他的各種不適應！

爸媽都希望大寶能快速適應二寶，而這會成為我們評價大寶的一個標準。

當他表現出不接受、不滿意二寶的行為時，我們本能會表現出對他的不滿、煩躁，甚至厭惡。即便我們勉強擁抱了他，大寶所感受到的也並非喜悅，而是不滿和煩躁。

只有真正接納大寶的不適應，我們才能坦然地允許他通過哭鬧來緩解緊張情緒，允許他有想和媽媽一起入睡以證明媽媽依然愛自己的訴求，允許他有隨時隨地黏著媽媽以防弄丟媽媽的小心思。所以，當二寶出生之後，對大寶的關心不要減少，同時也要鼓勵他心裡想什麼就說出來，及時與父母溝通。

那麼，怎麼說才會更好一點呢？

「我知道現在要弟弟和你一起分享媽媽的愛，對你來說有點接受不了，你有什麼想法都可以告訴媽媽，媽媽非常理解你的這種感受。」

「小時候，媽媽也和你有過一樣的想法，但後來媽媽發現有個弟弟還不錯，好多事情都能一起分擔，比一個人好處理多了……」

當我們接納大寶的情緒，理解大寶的感受，也向大寶講述自己的相同經歷時，大寶會感受到原來爸媽還是愛我的，我有這樣的想法並沒有什麼不對，他們也是這樣過來的。這樣，不僅可以增進親子關係，還可以讓大寶擺脫心理上的不安，進而與弟妹建立良好情感。

專家這樣說

就算有了二寶，「老大」的地位也不能動搖

許多孩子反映，自從爸媽生了二胎後，自己的生活越來越難過了。因為二寶的到來，不少父母會將注意力集中在二寶身上，因無暇顧及他人他事而忽視了對大寶的關注，甚至要求大寶不得不成長。一個人手忙腳亂時，有時大寶在旁邊吵鬧，便對他一頓吼罵。對於年紀較小的孩子來說，這極易讓他們的心靈造成創傷，將父母不再愛自己的責任推到弟妹身上。

所以，就算有了二寶，「老大」的地位也不能動搖。

❶ 不要忽視了大寶的需求

生完二胎之後，儘管相對來說二寶需要更多的呵護，但父母也要儘量不讓大寶覺得自己受到冷落，因為他也還是個寶寶，仍然需要大人更多的關愛。

除了平時抽時間多陪陪大寶外，可以鼓勵孩子說出自己的想法，並認同他：「真好，你說的，我都聽到了。」、「原來你是這麼想的。」……這樣孩子便會感受到被信任與被愛，內心的脆弱就會被父母的溫柔與力量承接。

❷ 買東西給二寶，別忘了也給大寶來一份

二寶來到是一件開心美好的事，但別忘了，這份美好也應該讓大寶感受到！比較簡單的方法是：二寶到來前，我們往往會購置很多物品，這時候不要

只讓大寶看著，也可以適當地為大寶買一些物品，讓大寶感受到，二寶不會奪走他身邊的任何東西，只會讓他的世界更加豐富多彩。

❸ 儘量不要當著大寶誇獎二寶

「二寶今天好乖啊。」、「二寶真是一個懂事的孩子。」、「我們家二寶真貼心。」有些父母經常對人誇獎二寶的長處，但即便誇獎二寶時，也不要忘了表揚大寶；當大寶感覺失落時，要記得給他加油打氣，並鼓勵二寶一起。

❹ 讓大寶延續以前的生活習慣

二寶的到來已經為大寶的生活帶來很大變化，所以在其他方面，儘量讓大寶的生活保持原樣，不用急著讓他自己上廁所、學著用杯子喝水或者上幼稚園。尤其是上學的孩子，千萬注意不要影響他的學習。也就是說，讓大寶有一個循序漸進的適應過程，而不是感覺有了二寶之後生活就亂了套。

看到這裡，有些父母不免擔心，我們如此關懷大寶會不會寵壞了他，會不會使他根本不懂愛二寶？請放心，只要父母對大寶充滿愛，大寶在感受愛的同時也會將愛傳遞給二寶。因為一個內心充滿愛的孩子，是不會吝惜給予愛的。

大寶忽然想做回小嬰兒，是怎麼回事？

大寶都幾歲了，還像小嬰兒一樣耍賴！
只要我跟小嬰兒一樣，媽媽就會像之前一樣愛我了……

狀況2 大寶突如其來的「退化」行為

五歲的皓皓是一個活潑開朗的小男孩，從三歲起，他就開始自己穿衣，自己吃飯，自己睡覺，自己上廁所……，皓皓為自己的「能幹」感到自豪，有時還會驕傲地和媽媽說：「我是大孩子了，我要保護媽媽！」令媽媽欣慰不已，於是將二胎提上了日程。一年後，順利生下一個女孩。

可自從有了妹妹之後，皓皓突然變得好像小嬰兒。吃飯時，坐在飯桌前卻不動筷子，等著媽媽來餵，媽媽不餵他就不吃；他原本已經能和大人進行簡單交流，但現在每天學妹妹一樣咿咿呀呀地說話；當媽媽給妹妹餵奶時，他會冷不防地把奶瓶奪過去自己喝。他不再自己穿衣服，不再自己睡覺，連上廁所也不會了，甚至還會出現尿褲子的行為。放學回家的時候，明明還沒走幾步路，他就賴在地上哭喊著：「媽媽抱我，我走不動了！」

「你已經是大孩子了，怎麼越長越小了，像妹妹一樣？」偶爾被媽媽訓斥幾句，皓皓就哭得滿臉皺巴巴的：「我就知道，你們都喜歡妹妹，不喜歡我！」一個好好的孩子，怎麼突然變得這麼愛生氣呢？皓皓媽媽百思不得其解。

專家這樣說

我也是小寶寶——利用「退化」引起父母關注

生了第二胎以後，我們發現大寶有時會「越長越小」，做出一些類似小嬰兒的奇怪行為。這個問題看似費解，其實我們只要研究一下大寶的心態就能明白了。

大寶之所以搶著喝妹妹的奶粉，不過是看到二寶出生後佔用了父母大量的時間，就會猜測原來做一個小嬰兒，可以得到父母這麼多的愛與關注，那自己也就做出這樣的行為，希望父母能像過去一樣關心愛護自己。

也就是說，在弟妹到來之前，大寶原本獨享父母的愛，現在弟妹卻分走了父母的愛。大寶試圖通過這種「退步」方式，引起父母關注。如此看來，行為本身並不重要，真正重要的是通過這些行為能得到什麼，這才是孩子真正關心的問題。

如果父母不了解這樣的事實，只是訓斥大寶不懂事，責怪他故意搗亂甚至懲罰，這會使大寶覺得自己之前的擔憂變成了現實，覺得在父母心中，自己真的不如弟妹；或者因為弟妹，自己才得不到父母的重視，那就會讓他更失望，影響他對二寶的接納度。

專家這樣說

嘗試理解孩子的「退化」行為

面對忽然變回小嬰兒的大寶，父母應該怎麼辦呢？

當大寶出現「退化」行為時，父母需要反思是不是這段時間忽略了大寶，給了二寶過多的關注和愛。二寶雖然需要精心照顧，但是媽媽也要適當將有限的精力和時間分配給大寶。如果媽媽太累，爸爸也可以跟大寶一起做很多事情，比如去公園、看電影等，要讓他知道不是只有二寶才會得到關注。

如果兩個寶貝同時哭鬧，先管大寶，還是先管二寶？這是令許多父母為難的問題。我們的意見是，二寶多數是生理需要，而大寶的情感需要更多，因此可以先把二寶交給別人來抱，先應對大寶。當爸媽先來照顧自己時，大寶會覺得有安全感，反常舉動也就消退了。

訓斥大寶固然不對，但一味縱容也不是長久之計，最重要的是改正大寶錯誤的行為。為此，你可以溫和的提醒他：「你是在玩扮演二寶的遊戲嗎？」、

「你是不是想變回一個嬰兒，像妹妹那樣滿地爬？」……當父母能對大寶的「退化」行為表示理解，並體諒他的時候，他自然會意識到自己的幼稚，並覺得這樣做並不怎麼舒服，然後自覺停止那些行為。

有時，父母不妨也誇張地說說做大孩子的好處：「只有大孩子才能玩這個遊戲，你弟弟不行，因為他還不會走路。」、「只有大孩子才能吃蛋糕，二寶沒有牙齒，什麼都不能吃！」、「我們還是像從前一樣愛你，只是因為你長大了，比弟弟／妹妹更懂事，更能幹，我們才更信任你，而弟弟／妹妹還小，還不懂事，能力也小，所以需要父母更多的照顧。」等等。

讓大寶意識到做大孩子有這麼多好處和樂趣，那他就不會允許自己再「退步」，而是想辦法讓自己不斷「進步」了。當他有了「進步」的願望之後，他就會越來越進步，越來越優秀。

孩子的叛逆，是在向你討愛
——用理解、溝通代替責罰

只要我搗亂，媽媽應該就會注意我了吧？
大寶什麼事都跟我唱反調，真令人頭痛……

狀況3 需要照顧的二寶，和突然叛逆的大寶

自從二寶小懶出生後，懶懶媽除了照顧兩個孩子，還要做家務，每天忙得焦頭爛額，連喘氣的時間都沒有。懶懶快五歲了，懶懶媽心裡想著她長大了，該聽話懂事一點了。可是，事情往往不是這麼發展的……。以前懶懶雖然有些淘氣，但是可愛活潑，小朋友都願意和她玩。可是現在懶懶好像變了個人一樣，總是和父母鬧彆扭，爸媽說什麼，她總是唱反調。

這天，小懶發燒哭鬧不止，懶懶媽著急地哄著抱著，讓懶懶自己吃飯穿衣。誰知，懶懶不但不聽話，反而在一旁開始搗蛋，一會兒用玩具往弟弟身上扔，一會兒又跑到弟弟床上蹦跳，惹得二寶哭得更厲害。懶懶媽忍不住在懶懶屁股上打了幾下，懶懶不僅沒哭，還開始揪弟弟的頭髮。

懶懶媽生氣了，拎著懶懶塞進房間鎖上了房門，把懶懶關在裡面，懶懶竟然不哭也不鬧，還在裡面大聲地唱歌。

「這孩子怎麼這麼不聽話，太叛逆了。」這讓懶懶媽非常頭疼。

專家這樣說

面對故意「搗亂」的孩子，怎麼辦？

二胎後，當你越忙，似乎大寶越「叛逆」，你注意到了嗎？爸媽這時候該怎麼辦呢？

告訴你，最不理智的做法是，打罵孩子或者表現出厭煩。大寶為什麼這麼「叛逆」？要想明白原因，你需要了解大寶行為背後的心理。

❶ 孩子想要引起注意

當二寶出生後，大寶故意搗亂的叛逆表現會比較頻繁，故意纏著媽媽，故意弄哭弟弟妹妹，給媽媽製造麻煩，或者故意惹媽媽生氣……從心理方面分析，他們其實是想要引起你的注意。即使是小動物，當家裡多了個弟弟妹妹，它們都會感受到爸媽陪伴自己的時間少了，更何況孩子呢？

大家的注意力都在二寶的身上，大寶會很不適應，他有可能會變得叛逆，做各種錯事來吸引大人的注意力。

❷ 為了表達關懷和幫忙

由於智力水準未成熟、生活經驗不足，年幼的孩子往往在表達關心時，可能做出不適宜的行為。比如他想親一親弟弟妹妹，可能整個人趴到寶寶身上；他們想拿玩具逗寶寶開心，沒想到一不小心戳到了寶寶臉上；他們想用跳舞逗寶寶，可能不小心就會踩到寶寶……結果，他們看起來就不再可愛。

所以，當大寶出現叛逆行為時，應避免衝動打罵，大人需要理解他們的行為，表達你的關注、傳達對他們正面動機的認可。比如第一時間擁抱他，給他一個明確的答案「雖然弟弟妹妹出生了，爸爸媽媽還會像從前一樣愛你」。

如果一言不合就指責或打罵，會在大寶內心傳達一種負面的確認——爸媽不愛我了。後果是什麼？孩子會覺得自己是個沒人愛的孩子，跟父母的距離越來越遠，甚至可能會激起孩子的傷害性行為，比如毆打、折磨二寶。最終的結果是，你可能會養出一個不自信、冷漠和敏感的孩子。

當大寶出現叛逆行為時，一定要有耐心地講道理。很多媽媽抱怨，面對二胎寶寶的哭鬧、哄睡，還有隨之而來的一大堆家庭矛盾……把人的好脾氣都磨得不像樣了，還談什麼耐心？但無論什麼事情，講道理很重要，古人云先禮後兵。跟他慢慢說，細細講，如果他不聽，那就說三遍。

專家這樣說

和孩子進行有效的溝通

比較有效的辦法是，和大寶進行無障礙溝通，一起探討一下他的行為。「你有時候像一隻溫順的小貓，有時候像一隻帶刺的小刺蝟，刺得爸爸媽媽很疼。那麼，你願意做一隻小貓還是一隻刺蝟呢？」

待孩子做出回答後，爸媽就可以引導：「大多時候，你都像一隻乖乖的小貓，但最近老拿刺扎人，讓我猜猜看，你最近是不是心情不好？可以和媽媽談一談嗎？」

這樣的溝通可以讓你們感覺到彼此的親近，而不會讓大寶感覺到因為自己的叛逆，爸媽不喜歡自己了。因為有二寶，爸媽對自己疏遠了。當大寶感受到父母對自己的重視和愛的時候，他自己就會覺得不好意思。接下來，你們很可能度過一段愉快的時光，迎來一個乖巧的大寶。

如果孩子仍舊叛逆，我行我素，若是比較嚴重的問題，那麼可以適當懲罰，讓他在房間站立大概五分鐘，這是一個孩子和大人的冷靜期。等他平靜下來，告訴他做得不對的地方，讓他認識到自己的錯誤。如果孩子是因為被忽略而故意搗亂，那麼告訴他為什麼忽略他，即便忽略也不代表不愛。

當孩子用不怎麼適當的行為表達關心時，父母如果因不了解內情誤解孩子，甚至對孩子指責、大潑冷水等，那麼一定要及時向孩子道歉。告訴他：「爸媽剛剛誤會你了，對不起。」接下來，要引導孩子如何表達愛意，比如輕輕地撫摸、隨時隨地擁抱、每天說一句「我愛你」等等。

親子守護站

讓孩子獨處五到十分鐘，這是行為原理中的「暫時隔離法」，在孩子行為的後果屢勸不聽，或是過於刻意違背家中原本訂定的規矩時使用，必須相當審慎的使用。

爸媽必須先和孩子說明使用暫時隔離的原因，確定孩子聽得懂（請孩子用他的話再表達一次），並且理解是因為自己的什麼行為、反應導致的結果。爸媽在說詞上，建議是提供給孩子反省的空間，讓孩子思考一下如果下次再出現類似的狀況時，應該怎麼辦。

施行「暫時隔離法」時，時間不宜過長，五分鐘前後是可以接受的間隔，不過建議使用時不要語帶恐嚇、脅迫或說風涼話：「早就跟你說過不可以這樣做了吧，你看看你。」這都會讓孩子處在情緒的狀態下，而失去原本反省的目的。

激發「老大」的責任感

——從抵觸到接受的轉變

哥哥你別丟下
我一個人啊！
妹妹別怕，我會照
顧好你的！

狀況4 爸爸不在，小哥哥扛起了照顧妹妹的責任

在《爸爸去哪兒》的一期節目裡，一位爸爸由於工作原因缺席，五歲的兒子便帶著妹妹參加節目。

五歲的孩子能在照顧好自己的同時照顧好更小的妹妹嗎？許多人都心存質疑，這位小哥哥為觀眾完美地展現了一個老大的責任感。

哥哥身負照顧妹妹的責任，他做到了：妹妹第一次出鏡，面對鏡頭有些害怕，哥哥便讓攝影叔叔暫時迴避，並抱著妹妹安慰。妹妹因想念爸媽哭泣，小哥哥明明自己也很無助害怕，但是為了安撫妹妹，將妹妹摟在懷裡一邊擦眼淚，一邊輕聲安慰：「妹妹沒事的，哥哥會保護你。」

吃飯的時候，哥哥時時記得自己的身份，幫妹妹洗小手、盛米飯，還餵妹妹吃飯；和其他小朋友玩耍時，也不忘時刻牽著妹妹，深怕妹妹有任何閃失；……這些暖心舉動感動了諸多觀眾。

這時，有不少父母會感慨，同樣是大寶，為什麼別人家的孩子對弟妹這麼好，而自己家的卻那麼令人擔心，不只不接受弟弟妹妹，更別提照顧了。

當哥哥或姐姐，對大寶來說是一個全新而陌生的角色，聰明的媽媽會在生老二之前就未雨綢繆，和大寶灌輸這樣的觀念：「你馬上就有一個妹妹了，你就變成強大的哥哥啦，可以保護她，不讓別人欺負她！」、「雖然弟弟還什麼都不會，但他肯定在下決心向你學習，你是老大，以後怎麼教他就看你的了！」這些言語的感染力很強，不僅能讓大寶意識到擁有弟妹的好處，還能勾起他作為哥哥姐姐的保護欲。

一旦大寶的內心有了一種責任意識，後面才會為爸媽們分擔「重任」，對弟妹關愛和照顧的情感，也會一天比一天多起來。

專家這樣說

透過任務分配，培養大寶的責任心

我們可以根據大寶的年齡和能力，分配大寶照顧二寶的任務，比如拿玩具逗引寶寶、幫忙清洗整理玩具、協助幫弟弟妹妹洗澡、換尿布等。總之，在條件允許的情況下，想方設法讓大寶積極參與到照顧弟弟妹妹的活動中。

參與感是一件很重要的事，既能培養關愛之心，還能激發責任之心。讓大寶多多參與照顧二寶的活動，會使他意識到弟妹比他更弱小，更需要大人的照顧。而在照顧弟弟妹妹的過程中，他會覺得爸媽很拿自己當回事，於是當大哥或大姐的自豪感油然而生。接下來，你會驚喜地發現，他們不會再那麼計較你關懷二寶，會特別認真地完成任務，而且對二寶倍加關愛。

期間，我們要讓大寶體驗到照顧二寶的成就感，這種成就感是激勵大寶去關愛二寶的有力武器。當大寶幫忙照顧二寶時，要及時讚揚，「你真是個好哥哥／好姐姐」、「有你幫忙，媽媽幸福極了」。或者給予小小的獎勵，比如準備大寶喜歡的禮物，這樣他會感受到父母對自己的愛沒有變，而且感到自信和滿足，陶醉於「大哥哥」、「大姐姐」的角色，愉悅地接納並照顧弟妹。

再回到開頭，故事裡的小男孩為什麼能成為一個負責的好哥哥？對此，那位爸爸曾透露，秘訣就是鼓勵老大要當保護妹妹的「大哥」，激發他的責任感。

現實中也有不少父母已經做得很好，比如暢暢媽媽。

暢暢媽媽有兩個女兒，大女兒暢暢八歲，小女兒舒舒兩歲，小姐妹感情非常好。當旁人問及原因時，暢暢媽媽總會提到「責任感」一詞。

「有了舒舒之後，我經常會嘗試請暢暢幫忙。只要是跟舒舒有關的事情，我都會問暢暢要不要一起來幫忙。比如，幫舒舒洗澡的時候，我會讓暢暢幫忙遞毛巾；舒舒吐奶時會讓她去拿小毛巾，換尿布又會請她幫忙拿紙尿褲或濕紙巾之類的東西。」暢暢媽說道，「這看起來對暢暢有些不公平，畢竟她也還是一個需要照顧的孩子，但這種方法卻可以培養她的責任感。漸漸地，暢暢開始願意主動照顧妹妹，做一些力所能及的事情。每一次當她這樣做的時候，就會獲得我們的稱讚。」

「現在暢暢每天放學回家，對妹妹總是又摟又抱，一開始還是粗手笨腳，現在已是得心應手了。只要舒舒一哭，她就很有使命感地跑去拍拍妹妹，『姐姐來了，你不要哭嘛。』還大方地把自己的玩具放在妹妹的床頭。對暢暢來說，認識到自己比妹妹大又能協助爸媽很有成就感。現在家中有客人時，她很願意主動向客人介紹妹妹學會了什麼新本領，並時常和我說，希望妹妹快點長大，以後和妹妹一起玩遊戲，帶妹妹一起騎車，一起吃冰淇淋，等等，這樣的生活也讓我們很期待。」

瞧瞧，從抵觸感到責任感，大寶心理的轉變就取決於你！不過，這種照顧一定要適可而止，我們的重點是讓大寶體驗到責任、樂趣，而非負擔。

你怎麼對大寶，大寶就怎麼對二寶

陽陽！跟你說過多少次，玩具玩完要收起來！

妹妹！我跟你說過多少次了，玩具玩完要收起來！

狀況5 二寶做錯事時，大寶竟學起爸媽的樣子訓人

蓓蓓的脾氣很暴躁，而兒子陽陽淘氣十足，每天都把家裡弄得天翻地覆：玩具散落一地，畫筆、畫紙攤滿了桌子，床上也堆著他的各種小玩具。每當看到屋內一片狼藉時，蓓蓓心中的怒火就會被點燃：「跟你說過多少次了，從哪裡拿的東西玩完了要放回去。你就是不收，看我把它們全扔掉！」

自從蓓蓓誕下女兒晴晴後，她驚訝地發現做了哥哥的陽陽，面對同樣淘氣的妹妹，居然也有了點小父母的樣子，經常有板有眼地「教育」妹妹。

至於「教育方式」，則完全模仿了自己，從話語到語氣，連神情都是驚人

地相似。一陣急風暴雨般的叫嚷，接著是把妹妹最心愛的玩具扔掉。

很神奇，是不是？

都說孩子是父母的縮影，你有沒有想過為什麼會這樣？

專家這樣說

每個孩子都是一面鏡子

其實，這涉及了「鏡像神經元」這種特性。這種特性就像照鏡子一樣，看到別人在幹什麼，可以想都不用想，就執行同樣動作：看到別人吃東西，自己的口水就來了；看到別人出汗，自己也就會覺得熱……。

舉個例子，當我們對寶寶反覆吐舌頭，寶寶會被鏡像神經元支配，注視著你的臉，然後也開始慢慢吐舌頭。如果媽媽常常對自己的孩子微笑，這個孩子也會非常愛笑。如果媽媽總是愁眉苦臉，孩子也會同樣情緒消極，這一切的發生就像照鏡子一樣。

當家中有兩個甚至更多的孩子時，這種「鏡面反射」就更加複雜生動了。吃飯時，大寶不小心摔破了一個碗，如果媽媽不由分說地一頓怒。當二寶不慎「招惹」大寶的時候，可以想像大寶會是什麼樣的反應。大寶也會非常生氣，完全不顧二寶感受，然後像媽媽對待自己一樣吼叫。許多父母經常抱怨大寶愛打二寶，有一種可能就是孩子反射了大人的行為。

「鏡像神經元」的原理告訴我們：比起聽到的，孩子們更願意接受他們所看到的。你怎樣對大寶，大寶就怎樣對二寶。

那麼，當大寶對二寶不友好時，我們究竟該怎麼辦呢？

❶ 要想大寶愛二寶，首先好好愛大寶

要想大寶愛二寶，首先好好愛大寶，這是對「鏡像神經元」的反利用。即便有了二寶，父母也不要減少對大寶的愛，多抽出時間陪伴大寶，欣賞大寶的點滴進步，鼓勵他去創造、去探索。更重要的是，時刻關心大寶所處的狀態，注意收取大寶發出的需求信號，並能正確地理解，做出及時恰當的反應，大寶就會發展出對父母的信任和親近感。換句話說，父母善於覺察大寶需要什麼並做出回應，大寶感受到的愛更多，將來也會懂得如何去愛二寶。

好好愛大寶吧，被愛餵飽的孩子，才會有愛。

❷ 父母要學會必要的正面管教

不少父母認為孩子年齡小、不懂事，在教育孩子的時候，習慣採用責備、謾罵的強硬方式。殊不知，再小的孩子也有尊嚴，需要被尊重和鼓勵。因此，當一個孩子做出不當行為時，其實是他感受不到歸屬或自我價值的一種表達。基於此，父母要學會必要的正面管教，鼓勵孩子，尊重孩子，理解孩子行為背後的邏輯。

比如，面對一個調皮叛逆、愛搞破壞的孩子，與其打罵怒吼孩子，不如平

和地跟他溝通，一起商量解決問題的辦法。在「鏡像神經元」的影響和控制下，這個孩子也會學會這種處事方法，日後當他成了哥哥或姐姐，在面對一個比自己更小的淘氣包時，也會懂得克制自己的脾氣，專注於解決問題。這裡有一個成功的教育案例，非常值得借鑒。

「弟弟，你快下來！」

「不，我要果汁！」四歲的佑佑自己站在椅子上打開冰箱的門，倔強地叫喚。

「不行，先把晚飯吃完。」姐姐苗苗表示反對。佑佑覺得全世界都在和自己作對，嘴裡吵著叫著不停歇。

僵持了一會兒，苗苗放話說：「你先下來，我可以拿優酪乳給你。」「真的嗎？」佑佑止住了語無倫次的叫喚。苗苗把剛才的話重複了一遍，佑佑從椅子上下來，巴巴地走到姐姐面前：「我現在就要。」

「你可以好好跟我說話嗎？」苗苗微笑著問道。佑佑一字一頓地說：「姐姐，請你幫我拿優酪乳，好嗎？」「很好，我這就去拿。」苗苗滿意地點頭。

看到這裡，媽媽欣慰地笑了。往常的一幕彷彿就發生在眼前。苗苗搭著椅子高高地站在冰箱門口，小胖臉倔強又氣憤：「我不下去，我要喝果汁。」媽媽放下手裡的事情，深呼吸，以儘量平靜的語氣說：「你先平靜一下，好好跟我說，也許我能幫你。」苗苗抽泣著說：「我要喝果汁。」「好的，我知道了。可是現在喝果汁有點不合適，要不我給你做個南瓜派。」苗苗猶豫了一下，覺得主意不錯：「媽媽，你趕緊給我做！」

「你應該怎麼對媽媽說話？」苗苗一字一頓地：「媽媽，請幫我做一個南瓜派。」

「很好，我這就去做。」

顯然，苗苗對佑佑的行為正是「鏡面反射」了媽媽對自己的做法，這是一種一對一的正面反射，有助於大寶形成良好的行為模式，並最終促進大寶和二寶的友好相處。

孩子爭寵，只是想贏得更多關注

媽媽！你看弟弟拿我的玩具！
你們凡事都可以吵，我快被煩死了！

狀況6 一天到晚都有吵不完的架

曉紅家有兩個孩子，大寶上小學一年級，二寶讀幼稚園中班，兩個孩子每天不停上演大大小小的「戰爭」。

二寶拿一個玩具，大寶一定會跑過去搶，哪怕是一個再普通不過的氣球。大寶看電視，二寶要換台，大寶把遙控器搶在手中，二寶就乾脆關掉電視。

有時候，兩個孩子還會從嘴上的爭吵發展到動手，二寶踢大寶一腳，大寶則趁父母不注意用拉二寶手臂，二寶哭著找媽媽……。

大寶和二寶為什麼總有吵不完的架？這是二孩家庭避無可避的問題。

通常，我們總認為手足之間血濃於水，他們會本能地彼此相愛、互相幫助。但是事實正好相反，兩個或是兩個以上孩子，必然會有爭吵打鬧，而且機率比旁人要多得多。孩子是多麼單純的生命，但現在的手足之間都成了競爭關係，究竟怎麼回事？

專家這樣說

手足之間的競爭關係

細想不難理解，由於時間、精力、環境等因素的制約，父母的愛和關心是一種非常有限的「資源」。每個孩子都想成為父母的最愛，為了能從父母有限的愛和關心中獲得更大的份量，孩子間就會暗暗在心裡較勁，形成一種激烈的競爭關係，怎麼表現才能獲得父母更多的關注和愛。

這，就是同胞競爭。

作為父母，我們都希望兩個孩子可以相親相愛，可是我們也要明白，手足相親不是天生的，父母的教育和引導至關重要。家有二寶的父母，該如何面對孩子的爭寵呢？

❶ 給予孩子看得見的關愛

孩子為什麼會爭寵？就是希望獲得父母更多的關注和愛。當兩個孩子出現爭寵行為時，父母首先要反思一下，自己對孩子愛的表達方式是否妥當，能否讓他感受到呢？不管大寶還是二寶，孩子都喜歡被寵愛，渴望一種看得見的關愛，那麼不妨明確告訴孩子你們的愛。例如，時常和孩子說「我愛你」、「我為你驕傲」，溫柔地親親他們的臉、摸摸他的手，或者給他們一個大大的擁抱。

❷ 平衡協調好孩子的關係

引發孩子爭寵的問題很多，其中最普遍的就是父母的時間分配不均。兩個孩子的個性不同、年齡不同，父母對待難免有所差異，特別是相對弱小的孩子，父母往往給予的關心和照顧更多，而冷落了另一個。日積月累下來，就會讓孩子心理內化產生焦慮、失落感，並不斷通過爭寵來平衡。

作為父母，我們隨時隨地要站在孩子的角度思考問題，要明白孩子們爭寵的表現說明他們不希望被忽略、被冷落。作為父母，即便平時再忙碌，也要儘量給予兩個孩子同等的愛，同等的陪伴和照顧，同等教育的權利。

比如，如果是兩個孩子都需要的東西，儘量買兩份；不一樣的需求，也要等比地滿足。給大寶買一件新衣服，就給二寶買一個新玩具，使孩子感到父母並沒有偏心，父母給自己的愛和關注和兄弟姐妹都是一樣的，這樣能有效平衡和協調好孩子的關係，進而減少兩個孩子之間的「爭寵」行為。

❸ 注重培養孩子之間的感情

真正的愛就是不計較，大寶和二寶之間也一樣，兩個孩子如果感情深厚，就不會過於計較誰比誰得到的更多。所以，最主要的是，父母要注重培養孩子之間的感情。平時多抽空帶孩子去踏青，或者週末去郊遊，讓兩個孩子有更多相處的時間，讓孩子們互相愛著對方，就不會出現所謂的爭寵。

總之，兩個孩子之間的「爭寵」行為，究根結底是為了爭取父母更多的關愛。要想讓他們相親相愛地長大，父母首先要給予兩個孩子平等的愛才行。

別拿兩個孩子做比較

──比較會影響孩子的自尊心與自信心

妹妹什麼都
比我好，我
好沒用喔……
兩個孩子都是我
生的，怎麼差這
麼多！

狀況7

「為什麼媽媽都只誇獎妹妹？」

自從有了二寶後，蘇芒就有了新煩惱：「二寶剛出生的那幾天，大寶對妹妹表現得很興奮，整天趴在妹妹的床邊，對妹妹說『我的妹妹好可愛！我好喜歡她！』但沒多久，他就完全換了個樣，脾氣也越來越大，一不如意就開始哭鬧、扔東西，更多次說把妹妹抱大馬路上扔了。明明很喜歡妹妹的大寶，為什麼完全變了一個樣？」

但周圍的親戚朋友都知道大寶之所以「變臉」，和蘇芒平時的行為有關。

以前蘇芒是很愛大寶的，雖然他做什麼都比較慢一點，但蘇芒還是覺得他是世界上最好的寶寶。但自從女兒出生之後，蘇芒發現女兒特別討人喜歡，因為她學走路、說話都很快，而且安靜，不淘氣。

而大寶現在五歲了，不但調皮搗蛋，整天就知道亂跑，傻玩，蘇芒看著又心疼又生氣，經常斥責大寶不聽話，而且拿二寶和大寶比較：「你和妹妹都是我生的，怎麼你就這麼笨呢？」、「妹妹都吃不到身上去，你都這麼大了還吃到身上去了，你還沒妹妹讓我省心。」……

大寶只要一聽到媽媽說妹妹比自己聰明，比自己聽話，那是眼淚亂飛、哭聲不停，後來變得越來越叛逆。

專家這樣說

避免無意義的比較

你是不是也像這位媽媽一樣，有了兩個孩子之後，就會不由自主將他們進行比較呢？比如，看誰更早學會說話，更快學會走路，看誰的性格更像你，誰最聽你的話。

「弟弟的眼睛比姐姐大，還是弟弟可愛。」

「二寶四個月長牙了，大寶六個月才長牙。」

「你看弟弟都能幫媽媽做事了，你怎麼還這麼不懂事？」

「姐姐成績優異，鋼琴、畫畫樣樣精通，你怎麼就這麼沒出息！」

這樣的話是不是很耳熟？

相信，你並沒有偏心誰的意思，畢竟都是自己身上掉下來的肉，怎麼會偏心呢？誰都希望自己的孩子個個出類拔萃，天下父母都是這樣的，但將兩個孩子進行比較，一味地說一個孩子的好，指責另一個不好，在被批評的孩子看來真是百分百的偏心。

一個孩子明明好好的，為什麼有了兩個孩子對比，就發現一個不乖了？孩子本身並沒有變，他一直都是那個他。是我們做父母的心態改變了，因為有了兩個孩子之間的對比，我們覺得他不如另一個乖，以前願意花心思去教育他，願意去寬容他的缺點，現在卻總在挑他的毛病。

雖然父母的本意是為了刺激孩子不斷進步，但孩子的心靈是脆弱的，在孩子看來，父母的比較是對自己的否定，是不愛自己的表現。一而再再而三地比來比去，孩子的自信心和自尊心也就被比沒了，進而陷入深深的自卑之中，甚至產生「破罐子破摔」的心理，變得越來越不聽話，越來越難教，越來越不懂事，越來越不可理喻，也會破壞兩個孩子之間的情誼，導致他們爭風吃醋。

所以，千萬不要在兩個孩子間進行對比。

「比較」不可避免地使一個孩子覺得不如另一個，正如我們大人一樣，沒有哪一個孩子是完美的，也沒有哪一個孩子是一無是處的。也就是說，每個孩子都有自己的優勢和劣勢，他們之間根本沒有什麼可比性。更何況，每個孩子其實都有很強的可塑性。他今天的優點，可能就是他今後的缺點；而今天的缺點，可能就是以後的優點。這些都是我們無法預見的，不能輕易下論斷。

比如，大寶可能比二寶調皮搗蛋，但他將來可能更能承受挫折，人際關係更和諧；二寶可能比大寶頭腦聰明，學東西快，將來在學業上有所成就，但大寶可能更有毅力，對目標能夠堅持得更長久。

每一朵花都有自己的芳香和屬於自己的綻放，作為父母最需要做的就是讓孩子知道，他們都是特別的、獨一無二的，並且幫助孩子找到自己的優勢，發揮自己的特長。對於孩子來說，沒有誰願意被別人說差，他們都希望得到別人的認可和讚揚，尤其是來自父母正面積極的評價。

專家這樣說

用鼓勵代替較量

當然了，也不是絕對不能將兩個孩子進行比較，關鍵是看以什麼樣的心態去比較。

世界上沒有兩個一模一樣的花朵，同樣，也沒有完全相同特性的孩子，即使出生在同一個家庭，也有可能一個內向，一個外向。一個話多，一個話少。如果你只是抱著分辨每個孩子的心態進行比較，這種比較會成為陪伴孩子成長路上的調味品。如果你把這種差異當成一種差距，並且因此給孩子定性或者對他們進行評價，借此來刺激孩子之間的競爭，那就必須要學會控制自己了。

如果一個孩子確實沒有另一個孩子做得好，我們也不要總對兩個孩子進行比較，最好的方式是直接就事論事，比如直接和弟弟說：「等一下家裡會來客人，你的玩具還堆在沙發那裡，你是不是應該和姐姐一起把家裡收拾整齊好招待客人呢？」直接提出自己的期望，往往比對比更有效。

最後要說，每個孩子都各有所長，也難免會有缺點，父母要允許孩子犯錯，並及時加以糾正。即便有些孩子現在有些方面不如你願，要相信，孩子的可塑性是很強的，不論什麼樣的缺點和不足，都是可以糾正過來的。不比較，多幫助，和孩子保持良好的親子關係，那麼他們之間一定能和睦相處。

孩子嫉妒心太強？是你不懂他的脆弱

為什麼一對二寶好，大寶就會生氣呢？
爸爸媽媽是我的，所以只能對我好！

狀況8 溫柔姐姐突然變身刁蠻公主

在弟弟面前，六歲的妍妍儼然一副姐姐風範。無論自己多心愛的東西，也不管是吃的還是玩的，都會大大方方地給弟弟。兩個孩子歡天喜地，家中似有陽光融融，這讓爸媽內心十分寬慰。

但是爸媽一旦對弟弟示好，比如擁抱、誇讚，妍妍的臉就會立刻垮下來。溫柔姐姐瞬間變身刁蠻公主，「你們對他好，我不喜歡你們了」，然後不由分說將弟弟手裡的東西搶走，不再理睬弟弟。一時間，大的怒，小的哭，家中彷彿寒冬將至。

更難辦的是，弟弟也不喜歡爸媽抱姐姐，而且凡事都喜歡爭過姐姐，兩個人一起玩遊戲，只要弟弟輸了，他就會動手打姐姐。

「孩子們為什麼這樣？」爸媽對此感到憂心，擔心他們的品性因此變壞。

專家這樣說

嫉妒是正常的情緒反應

在計畫第二胎之前，每個父母都會在內心幻想大寶與二寶和睦相處的場景。但事實上，大寶不喜歡二寶的到來，分散了爸媽對自己的愛；二寶也可能不滿意爸媽對大寶的關注。兩個孩子之間的嫉妒行為，經常讓父母們感到頭疼，常常給孩子貼上小氣、自私的標籤，並由此作為批評孩子的理由。

其實，孩子的嫉妒行為只是一種情緒反應，無須過於驚訝孩子的嫉妒心，也不必用嫉妒心評判孩子善良與否。

嫉妒，是人類與生俱來的一種品性，從理論上來說，是因為對別人擁有的東西或能力，懷有「本應該屬於我」的心理，而產生的一種怨憤的情緒或行為。每個人都希望得到大家的關注，從孩子的角度看，家裡存在著另外一個孩子，和自己一起分享父母的關注和愛，他產生嫉妒是再正常不過的事情。

儘管嫉妒是人類的天性，是一種正常現象，但我們也不能假裝或忽略孩子之間的這種情緒，而要讀懂孩子「嫉妒背後的秘密」，幫助他們正確面對，積極應對，如此才能幫助兩個孩子快樂成長。

❶ 同情並理解孩子的嫉妒情緒

當我們看到兩個孩子互相嫉妒時，首先要做的不是責備孩子，兒童的嫉妒是真實和自然的，這是孩子對自己願望的本能心理反應，比如「我不再是爸媽最愛的孩子」、「爸爸更喜歡弟弟，對他比對我好」的擔心和恐懼，所以父母需要做的是向孩子表示同情與理解，先讓孩子冷靜下來，通過問一些開放性問題，引導孩子道出事情原委，耐心去傾聽，努力去理解。

「我可以理解，這件事讓你感覺很難過。」

「我知道你害怕失去愛，可是我會一直陪著你、愛你，我會一如既往地照顧你，所以你可以放心。」

當你平心靜氣地和孩子談心聊天，並表達同情和理解時，會很大程度上幫助他將心中的不良情緒釋放出來，顯然會比壓抑情緒好多了。

❷ 盡可能減少對另一個孩子的犧牲

當二寶到來時，大寶可能會失去許多權利，例如，父母陪伴自己的時間會減少，大寶可能要少買一些玩具等。「因為你剝奪了我的東西，我才會嫉妒你。」當大寶將二寶視為「掠奪者」的時候，他就會仇視對方。所以，父母們要盡可能減少對另一個孩子的犧牲，如果特殊情況需要做出犧牲時，也不要用要求的語氣，而是先徵求孩子的同意，事後要向孩子表示謝謝，給他多些關愛進行補償。

❸ 讓孩子相信自己是有價值的

每個孩子都有自己的特點，同時面對兩個孩子的時候，父母說話時應避免隨意指責孩子的不是。平時多注意孩子身上的長處，及時表揚和鼓勵，讓孩子相信自己是有價值的。當孩子確信得到了父母的厚愛和尊重，將緩解他擔心失去愛的痛苦，減輕自己不如人的嫉妒情緒，而是傾向於接受自己應有的自我價值。這樣孩子就能正視兄弟姐妹，從而平心靜氣地彼此相處。

❹ 鼓勵孩子開闊胸襟，擴大視野

任何人都有長處和不足，不是表現在這方面，就是表現在那方面。哪個孩子都不可能擁有父母全部的關注，佔據生活中所有的優勢，所以，我們要鼓勵孩子放寬心胸，坦然面對現實，這樣孩子的嫉妒心理就會漸漸減小，直至消失。

比如，引導孩子廣交朋友，主動幫孩子承辦一次party，邀請好朋友一起參加，讓孩子接受友誼的薰陶，潛移默化地了解在一個群體中，不同的人擁有不同的能力，增強孩子的心理適應力，培養樂觀、開朗、大度的品質，可抑制嫉妒的萌芽。

二寶爭寵，如何才能讓兩個孩子都滿意？

妹妹都可以耍賴，一定是媽媽偏心。

該怎麼做對兩個孩子才算公平呢？

狀況1 「媽媽是我的，你不要跟我搶！」

曉曉的兩個女兒平常都喜歡纏著她，尤其到了晚上，兩個寶寶更是爭著跟媽媽一塊睡。為了表示自己的公平，曉曉便定下一個規則：每週一、三、五妹妹跟媽媽睡，二、四、六姐姐跟媽媽睡，週末兩人一起跟著媽媽睡。姐妹倆覺得媽媽的規定比較合理，都沒有提出什麼異議，也算是默認了。

然而，到了週二晚上，妹妹卻耍賴，說什麼也不走，要跟媽媽一起睡。姐姐一聽氣壞了：「你昨晚已經跟媽媽睡了，今天該輪到我了！」

「不要，我要和媽媽睡。」妹妹帶著哭腔說。

「你說話不算數。」姐姐一邊說，一邊將自己的衣物拿了進來。「爸爸，姐姐欺負我。」妹妹朝著爸爸大哭起來。

爸爸不想讓孩子們繼續鬧：「讓妹妹再睡一天。」「氣死我了，臭妹妹。」姐姐氣呼呼地走了。妹妹總算得逞了，高興地鑽到被窩裡！可以想像，此時此刻姐姐的內心有多麼崩潰！

專家這樣說

二寶的個性比較強勢怎麼辦？

兩個孩子之所以相處不好，除了大寶有意和二寶爭寵之外，還有一個重要原因，那就是有些二寶比較爭強好勝，不甘心當「二寶」，非要與「大寶」爭個高低。如果再有父母護著，他們更會肆無忌憚：「有爸媽撐腰，我還怕什麼？」大的拿什麼，小的都要，拿不到就拉開嗓子哭。

更糟糕的是，本來有了二寶之後，大寶最擔心的就是爸媽只愛二寶，不愛自己了。如果父母總是不公平對待，他們更會證實爸媽喜歡二寶，不喜歡自己！於是很多大寶就把二寶當成搶奪寵愛的「敵人」，故意跟弟妹對抗，那麼，接下來兩個孩子之間的爭吵和打架也就成了家常便飯。

那麼，如何改變二寶和大寶的爭寵行為呢？

要想改變這種情況，我們首先要想清楚，二寶為什麼一定要與大寶一爭高下？

原因很簡單，就像大寶會羨慕和嫉妒二寶得到父母更多的呵護一樣，二寶也會羨慕和嫉妒大寶，擔心大寶和自己分享父母。越小的孩子越是靠感知來理解身邊的事，會敏感地用自己的方式來，反映自己的敏感和不滿。比如，很多小孩喜歡用哭解決一切不如他意的事。

明白了這一點後，我們要學會合理安撫二寶。

❶ 不必刻意維護相對弱勢的二寶

家裡有兩個孩子，爭寵是常有的事。這時很多父母從來不考慮大寶的感受，哪怕老二胡作非為，也會習慣性地把所有錯事推到大寶身上。有些父母還會用弟妹還不懂事的說辭來敷衍，因為二寶年齡小就讓二寶隨便「欺負」或者「剝削」大寶。如此，只會導致二寶恃寵而驕。

所以，當孩子爭寵時，父母不要上來就是維護相對弱勢的二寶，可以先自己分析原因表示對二寶的理解，如「你為什麼和哥哥搶奪玩具，你是不是也想玩？」、「你為什麼不讓哥哥吃零食，你是不是認為這些零食都是你自己的？」這樣既可以緩解二寶的情緒，也可以引導二寶說出事情的真相。

了解事情的真相後，如果發現確實是二寶無理取鬧，那麼不妨告訴他哭是沒有用的，不能解決問題。「這個玩實是姐姐的，你要是想玩，不能和姐姐硬搶，你先要徵求姐姐的意見。」這是在告訴二寶，凡事都要講道理，同時也讓大寶知道，父母並沒有偏袒任何一方。

❷ 適當引導二寶向大寶示愛

為了減少兩個孩子的爭寵，我們不僅要教會大寶愛護二寶，也要適當引導二寶示愛大寶。身體上的把手、擁抱、親吻，友好地摸摸拍拍，一起遊戲，分享玩具，這些都是愛的表達。如果兩個孩子在三歲或以上，還可以有更多的語言表達，如：「我喜歡哥哥姐姐。」、「我愛我的哥哥姐姐。」等等。

讓大寶愛護二寶，二寶也示愛大寶，可以最大限度地減少他們之間的爭寵行為。

❸ 當「老二」其實有很多好處

有些二寶之所以爭寵，是羨慕大寶的位置，認為只要自己當上大寶，就可以出盡風頭了。此時，父母要讓二寶明白當「老大」並沒有想像的那麼好。

雖然當「老大」可以出風頭，但吃的虧也不少，而當「老二」卻有很多實惠的地方。比如，文章開頭的案例，我們可以看出妹妹雖然耍賴，卻沒有人認為她欺負了姐姐。反過來，如果姐姐耍賴，就會被認定欺負妹妹而遭到批評了。這其實就是當「老大」和當「老二」最大的不同之處。

當父母把這個「秘密」告訴二寶之後，相信他一定會甘願居於「老二」的位置。

此外，父母還要告訴二寶，雖然哥哥姐姐有時會欺負你，甚至對你很兇，但在關鍵的時候，哥哥姐姐還是會先想到你，還能保護你。當二寶意識到這一點之後，他的心裡能不開心嗎？或許他還會為自己擁有這樣一個哥哥姐姐而感到自豪，並因為得到照顧而感到慶幸呢！

專家這樣說

將手足爭寵，轉化為良性競爭

一提到競爭似乎讓人害怕。父母會擔心孩子們因此不再互相友好，不相親相愛。但實際情況並非這樣，在二孩家庭裡有點競爭其實並不壞。

獲得足夠多的價值感以及父母的關注，是每個孩子都有的天性之一，如果是在二孩的家庭，孩子們更會在心裡默默觀察父母更注意誰。即使我們對每一個孩子都會給予相同的愛，但父母的時間有限，經濟能力有限，家庭資源有限，不可能無差別地分配給兩個孩子。

有限的資源必然會導致競爭，這樣勝利的一方就能獲得更多資源，這是兩個孩子爭寵的根本所在。

在《兒童的人格教育（The Education of Children）》中，阿德勒提道：「追求優越的天然衝動，是兒童自我發展的重要動力。」從這一角度來看，每個孩子都希望自己比別人強。利用這種心理，適當引入一種競爭意識和模式，有利於激發兩個孩子自我成長的內在動力，這也就是我們經常提到的「榜樣的力量」。

這一點很好理解，一個家庭中，如果姐姐在某一方面表現得很優秀，那麼妹妹很有可能期望自己像姐姐一樣優秀，從而努力提高自己在此方面的能力。當兩個孩子都努力想變得比對方更加優秀時，孩子的成長必然會更快。而且，在彼此競爭中成長的孩子，長大以後關係可能會更好，因為他們體會到了更豐富的情感。

要做到這一點並不容易，需要父母細緻地引導，其中最關鍵的是，所有這一切都需要建立在良性競爭基礎上。

❶ 適當選擇作為競爭的項目

在某一方面，如果一個孩子比另一個孩子強，如姐姐彈琴比妹妹彈得好，不妨鼓勵妹妹努力練習琴藝，和姐姐一樣優秀。當然，要考慮孩子的年齡、實力和興趣等，如果兩個孩子之間的差距過大，或者二寶年齡過小，經過一段時間的努力跟不上，孩子就會喪失信心，競爭往往會半途而廢。

一位哥哥讀小學五年級，成績經常考到九十分以上，妹妹則是一年級的學生，作業錯誤比較多。如果讓妹妹與成績較好的哥哥比較作業的正確率，反而會遭受挫折。不如讓妹妹和哥哥比較作業文面的正確性、作業態度的認真度、進步的幅度等。經過一段時間的競爭，妹妹取得一定的進步，嘗試到了進步的樂趣，將大大增加自信心，樹立不斷進取、積極競爭的意識。

❷ 為孩子創造良性競爭的平臺

為孩子創造良性競爭的平臺，是每一個父母都應該去做的。比方，可以設定規則，家庭作業得到一個「優」的孩子，每得到一個「優」，就可以跟媽媽領一朵紅花，一個月裡看誰得到的紅花最多，可以獲得獎勵。那個如願的孩子露出了開心的笑容，心裡暗暗下決心下次作業一定要做得更好。而那個作業做得不好的孩子，暗暗下決心一定努力，爭取下次得到獎品。

為了有效激發兩個孩子，佳彤設置了一種「三好寶寶」的榮譽稱號，愛勞動，學習好，品德好。為了兄妹平等、公平競爭，誰表現好就給誰當，每兩個星期競選一次，兩個孩子都有成為「三好寶寶」的機會。這樣孩子在競爭中就會懂得，機遇對於每個人都是平等的，但它只屬於積極進取的人。

❸ 不必刻意營造競爭氣氛

弟弟希望和哥哥一樣強壯，妹妹希望和姐姐一樣漂亮，這種「同胞競爭」是孩子身上的天性。所以作為父母，不需要刻意強調或營造大寶和二寶之間的競爭氣氛，對孩子試圖超過另一個孩子的想法，父母可以給予肯定，但不要給孩子太大壓力，諸如「你一定要拿第一」、「你一定要贏姐姐」等，而應告訴孩子，只要你努力了，爸媽就會高興，時刻對孩子充滿信心即可。

❹ 競爭的輸贏並不重要

競爭中沒有常勝軍，再厲害的人也不可能永遠取勝，也可能會輸。因此父母應該引導孩子不能只追求勝利的結果，甚至為了贏得勝利而處心積慮，而要學會面對成功不驕傲，面對失敗不氣餒，及時總結自己的經驗，調整自己的心態，消除不必要的憂慮和自卑等情緒，才能爭取下一次的成功。

如果孩子以將兄弟姐妹比下去、拽下來的心態來進行競爭的話是非常危險的，比如：「我發現姐姐作業題做錯了，但我不願意提醒她。」、「今天哥哥被媽媽罵了，我真高興。」……如此一來，孩子只會變得更自私，更狹隘。因此，父母一定要及時加以引導，可以使用兩強相爭乃至最後惺惺相惜的故事或繪本來引導孩子。兄弟姐妹之間只有良性的、公平的競爭才會讓人感到快樂，而那些想方設法不擇手段爭取勝利的人，到頭來收穫的只有空虛和內疚。

總之，兄弟姐妹之間相互學習，取長補短，這才是真正的競爭。

兩個孩子在一起，矛盾衝突少不了，一有衝突就護小，對兩個孩子都不好。大寶因為受委屈會越發恨二寶，二寶則學會了利用爸媽欺負大寶。如此一來，兩人的關係只會更加對立。

3 chapter

遇到手足爭執時，該如何有效化解？

儘管嫉妒是人類的天性，但我們也不能假裝或忽略孩子之間的這種情緒，而要讀懂孩子「嫉妒背後的秘密」，幫助他們正確面對，如此才能幫助孩子快樂成長。

耐心安撫大寶，能有效減少矛盾衝突

為什麼爸爸媽媽總是要求我，都不要求妹妹？
你已經是大哥哥了，應該做弟弟妹妹的好榜樣！

狀況1 要求大寶當榜樣，大寶卻居然變了樣

自從有了女兒之後，田先生對兒子杭杭的要求在無形中就提高了，因為他覺得女兒出生後，杭杭就是大哥哥，再也不是小孩子了。平時在家，陳先生會不斷吩咐杭杭幫助妹妹做這個做那個，一旦覺得杭杭不配合，他張口就說：「妹妹還小，你都這麼大了，一定要更聽話才行。」

兄妹倆有時會為了一塊餅乾、一個玩具等爭奪，這時田先生會對杭杭說：「你已經是大哥哥了，怎麼這麼不聽話。」有時，杭杭突然哭了，田先生又會說：「這麼大了還哭，也不怕妹妹笑你。」

杭杭屬於性格比較內向、靦腆的男孩，平常家裡有客人來的時候，他就會害羞地躲在一邊玩耍，這時田先生又會命令：「你已經是大孩子，要懂事一點，還不快過來問叔叔阿姨好，這樣才能給妹妹做榜樣。」

田先生原本覺得杭杭在自己嚴厲的教育下，一定會變得更懂事，沒想到杭杭變得更內向了，而且越來越不喜歡說話，還動不動就朝妹妹亂發脾氣。有一天，杭杭放學進家門時，田先生正在陪著女兒玩玩具。妹妹看到哥哥回來了，高興地嗲聲嗲氣地說：「哥哥，你回來了，我好想你！」沒想到杭杭卻惡狠狠地對妹妹說：「我討厭你，別來煩我。」

杭杭為什麼會有這些表現呢？其實，不是孩子不懂事，而是我們大人不會教！

相對於大寶，二寶似乎比較弱小和無助，這是一種正常心態，但由於有了這樣一個二寶做比較，很多父母便容易產生一種錯誤的感覺：想當然地認為大寶應該更懂事，更聽話，更懂得體諒父母，甚至應該幫忙照顧好弟妹，總之提出一定的要求和希望。

但是，你對大寶期望越高，並不意味大寶成長就越快，而且只會給孩子造成心理壓力，不利於孩子的健康成長。

大寶再大，畢竟也還是一個孩子，也需要父母的關心與呵護。如果父母對大寶要求過高，尤其是經常因大寶沒有達標而批評時，在大寶的心裡至少會有兩種感覺被加強：

❶ 我已經做得很好了，爸爸之所以罵我，就是弟弟妹妹害的。

❷ 我就是一個壞男孩，一個壞哥哥。

而這兩種感覺一旦產生並加強之後，對於他和二寶感情的培養是極為不利的。要知道，一個對別人心懷怨恨，而又自我感覺很差的人，是無法與別人相親相愛的，甚至是無法和睦相處的。

專家這樣說

以孩子的標準要求大寶

「你要懂事，要聽話。」有了二寶後，很多父母總是希望大寶聽話順從，「懂事」作為一個褒義詞，好像從未被質疑過。但是，你可知道對大寶做什麼事情最殘忍嗎？就是把孩子一夜之間變成了大人。

其實，孩子的「懂事」，就是向大人示好的表現：從來不說喜歡，從來不說渴望；不爭不吵不鬧，把難過和委屈習慣性埋藏心底。而這樣的後果就是，他們將聽從大人的指揮，不敢逾越既定的規則，總是事事落於人後，甚至養成自卑心理。

作為父母，對於大寶的成長和心智的發展，不應該操之過急，要知道欲速則不達。所以，對於大寶，我們還是以孩子的標準去要求他吧，畢竟他也只是孩子，他沒有義務比二寶更懂事。耐心一點，給予孩子充分的成長空間，遵循孩子生長的自然天性，這會讓大寶接納弟妹的過程更輕鬆愉快。

專家這樣說

給予必要的引導和幫助

在一個家庭裡，隨著二寶到來，大寶會變得沒有安全感，對二寶的不滿和嫉妒等情緒會不可避免地產生。為此，要耐心地給予大寶必要的安撫和引導，讓大寶能夠公開表達苦惱和不滿來釋放不良情緒，而不是暗自鬱悶和神傷。

這時，我們可以這樣說：「我發現你最近不太開心，是不是因為弟弟妹妹的緣故？你可不可以把你的想法說出來，讓我們一起看看問題該如何解決……」、「你可能會感到被遺忘了，你可能會嫉妒，你以為我不再愛你了，只愛二寶。如果你這樣想了，請不用擔心，因為我會一直愛你。」

當孩子發生衝突鬧矛盾時，如果父母斥責大寶不懂事，肯定會讓大寶很傷心，因為他已經失去了父母眼中「唯一」的位置，此時又受到父母的冷落和斥責。於是，他自然會想：「爸媽偏心，他們對他就是比對我好。」等父母走開，就要報復性欺負二寶，加深兩個孩子之間的矛盾。

如果發現大寶有明顯針對二寶的不好行為，明確告訴大寶，二寶不是用來傷害的，但可以用其他方式洩憤，例如撕紙、丟沙包、向玩具打拳等等，以破壞性最小，不影響別人的方式發洩情緒。這樣既可以化解不滿情緒，也可以使兄妹倆建立起深厚的感情。

親子守護站

當孩子有不滿情緒時，家長應該以逐步幫助孩子說出心中的情緒為主，而避免變相的鼓勵孩子用肢體的方式來發洩情緒。

當孩子在表達情緒上有困難時，爸媽可以幫忙孩子說出來：「我好生氣唷！」、「我的感覺真是不好受」，逐步引導孩子學會自己表達情緒。

「媽媽，他搶我的玩具」
——讓兩個孩子學會共用

為什麼東西都不跟弟弟妹妹分享？
這是我的東西，為什麼我一定要分享？

狀況2 任何一點小事都能搶

楊梅有兩個兒子，大兒子七歲，小兒子四歲。自從小兒子出生後，最讓楊梅傷腦筋的就是如何讓兩個孩子和平共處，相親相愛。兄弟倆吃的零食、玩的玩具、穿的衣服，通通都是兩份，甚至有時要幫其中的一個買東西，另一個其實根本沒有相同需要，但為了避免不必要的衝突，只好也買了，所以無形中也增加了不少不必要的開銷。然而，依然會有一些意料不到的狀況。

有一次，哥哥坐在電視機前目不轉睛地看動畫片，弟弟便拿起哥哥最愛的遙控車。過了一會兒，哥哥發現弟弟正在玩自己的玩具，伸手過來搶。「媽媽，他搶我玩具。」楊梅看到兩個兒子吵架，便跟哥哥講道理：「你現在正在看動畫片，暫時不玩遙控車，就先讓弟弟玩一會吧。」

但哥哥不但沒有退讓，反而理直氣壯地反駁：「那是我的遙控車，我不許別人碰。他也有自己的遙控車，他為什麼不玩自己的，玩我的。」

楊梅又開始勸弟弟：「你們的遙控車一模一樣，你的是黃色的，哥哥的是藍色的，只是顏色不同而已，你玩自己的好嗎？」

誰知，弟弟也不肯退讓，兄弟倆為此爭執不下。

讓楊梅更為無奈的是，平常吃飯的時候，如果飯桌上有兄弟倆都愛吃的菜，一個吃得快，另一個怕沒有了，就趕緊把剩下的菜全部倒進自己的碗裡。這樣一來，兄弟倆又在飯桌上打起架來了。「我總不能把每一樣菜都一分為二吧，這兄弟倆為什麼都這麼自私，不知道相親相愛呢？」楊梅頗為無奈地說。

像楊梅家這樣的情況，在很多二孩家庭中普遍存在，也是最讓父母煩惱的地方。孩子為什麼這麼自私呢？其實是有原因的，大體來說，可以分為兩種原因。

原因❶：「獨佔」、「獨享」的心態

孩子終究是孩子，心理發展未達到成熟階段，遇到自己喜歡的東西，都想「獨佔」、「獨享」，佔得越多越好。而且他們往往單純地認為「我就是獨我

的世界」，並把「分享」誤以為是失去。因此，在衡量外界的標準時，便把是否有利於自己作為標準，不懂得與別人分享，自己的東西誰也不能動。

原因②：有求必應的父母

不少父母出於對孩子的愛，把好吃好玩的全讓給孩子，孩子的要求總是有求必應，通過各種途徑讓孩子得到滿足。這種過分的溺愛，會讓孩子理所當然地認為一切好東西都是自己的，久而久之，就養成了以自我為中心的意識，不願意和兄弟姐妹分享。

一個不懂得分享的孩子，也很難與兄弟姐妹友好相處，這就需要父母對孩子的佔有行為進行引導，讓兩個孩子儘早學會分享。

專家這樣說

父母的榜樣示範最重要

孩子的模仿能力和塑造力特別強，如果父母自私自利，不願分享，很難讓孩子養成慷慨大方的習慣。

所以在家庭生活中，父母平時要抓住時機為孩子做好示範，如用好吃的東西熱情接待客人，鄰居前來借用物品時不要吝嗇。當有什麼快樂的事情時，以分享的姿態講給孩子們聽。在潛移默化中，孩子自然就會建立分享的動機，不自覺地模仿父母的分享行為。

❶ 引導並肯定孩子的分享行為

將兩個孩子結合成一個統一的整體，通過他們自己相互間的溝通和協調，來分享玩具和零食，最終使彼此都獲得物質和精神上的滿足。當然在這一過程中，父母一定要做好協調，給予孩子們必要的引導。比如，大寶在玩玩具時，你可以說：「弟弟也想玩，他可以和你一塊玩嗎？」

孩子雖然可能有點不情願，但仍同意和弟弟一塊玩。這時，父母要不失時機地肯定孩子的分享行為：「你把玩具讓弟弟一塊玩，你真棒！」、「你看，你們玩得多高興啊。」除了用上述的語言進行引導之外，父母也可用點頭微笑、豎起大拇指等肢體動作來加以激勵和表揚。

父母的肯定會給孩子帶來快樂和滿足，進一步激發孩子下一次分享的行為，同時也會激發兄弟姐妹的模仿和學習。

❷ 在遊戲中扮演不同角色

孩子的學習大多是從遊戲中獲得的，父母可在遊戲當中與孩子們一起扮演不同的角色，識別不同行為的對錯，真正建立起健康有效的分享觀念。

比如，當哥哥拒絕和弟弟分享心愛的玩具時，不妨讓哥哥扮演一個想玩別人的玩具時，卻被拒絕的小客人，體會被拒絕的痛苦，從中意識到分享的意義。

❸ 培養兩個孩子之間的感情

愛，是解決一切爭端的利器。因為愛你，我願意把我的東西給你。要想讓大寶和二寶學會分享，培養孩子之間的感情是關鍵。

比如，讓兩個孩子單獨相處，並要求他們相互配合完成一些事情；讓兩個孩子一起參加某項活動，體會到團結互助的力量，感情上會更親近，那麼分享的行為就不難了。

做好必要的調節
——讓孩子學會自己解決衝突

媽媽，妹妹
一直弄壞我
的東西啦！

孩子吵架時，大人
該介入嗎？

狀況3 孩子之間發生衝突時，媽媽決定先傾聽孩子，再解決問題

素素七歲，簡簡五歲半。有一次，姐妹倆在客廳玩，簡簡忽然大哭起來。媽媽慌忙從廚房跑出來，看到簡簡在地上半坐著，原來素素嫌妹妹推倒了自己的積木城堡，氣得一把將妹妹推倒在地上。媽媽十分生氣，狠狠地朝素素的屁股打了幾下，然後將簡簡抱了起來，一邊哄著簡簡，一邊喝斥素素。

「這件事是你錯了，趕緊跟妹妹道歉。」

素素大喊著：「她推倒了我的積木，我不要。」

媽媽於是下了最後通牒：「我數到三，如果你還不道歉，我就不理你了！」

這時，素素大哭起來，喊道：「對不起！」平靜下來之後，姐妹倆又繼續一起玩，但沒過一會兒，又傳來簡簡大哭的聲音。

媽媽又急忙跑過來，還沒等她開口問，素素就「解釋」了：「妹妹的手被玩具卡了一下。」媽媽抓過簡簡的手一看，上面留下的明明是被咬的牙印，而此時素素的眼裡滿是怨氣！

「我原本是想用強勢的方式讓素素明白，不能欺負簡簡，誰知卻激發了素素更強烈的逆反行為，反而令兩個孩子的矛盾加深了。」於是，媽媽強迫自己冷靜下來，不再說教，也沒有再打罵素素，而是囑咐道：「你們要好好玩，玩得不好兩個人都傷心，玩得好兩個人都高興，哪一種更好？你們選擇。」

接下來，媽媽開始嘗試著讓姐妹倆自己解決矛盾。

其間，簡簡總是不停給姐姐製造「麻煩」，好幾次不小心推倒了素素壘起來的積木城堡，素素偷偷瞄了下媽媽，媽媽假裝沒看見，於是她還是會忍不住向妹妹動手，要不打一下，或是推一下。受到姐姐「欺負」後，簡簡意識到媽媽沒打算幫自己，她也就變得從容了。甚至在被姐姐推倒之後，馬上一骨碌爬起來，繼續跟姐姐玩。其間，簡簡總會不小心將姐姐的積木推倒。

幾次之後，素素沒好氣地說道：「你為什麼老推倒我的積木？我不要和你玩了。」這時，媽媽走出來，坐在了地上，說道：「你們先把手上的玩具放一放，坐到我旁邊來，我想聽你們說一說發生了什麼事情。」

媽媽對素素說：「我看見你打妹妹了。」只描述看到的事實，語氣平和。素素解釋：「因為簡簡老是推倒我的積木，我不喜歡她這樣！」媽媽看向簡簡：「姐姐說你老推倒她的積木，她不喜歡你這麼做。」仍然不評判對錯，只是重複剛才素素的話。「你們倆有什麼好辦法嗎，怎麼樣才能繼續一起玩下去？」媽媽繼續問。

兩個孩子不說話，媽媽繼續說：「壘城堡是很辛苦的，是不是？素素。一會讓簡簡也疊一個小城堡好不好？讓她體驗一下你的辛苦。」一會，簡簡疊起來一個小城堡，媽媽假裝不小心推倒了。簡簡原本想哭，但媽媽卻說：「現在你知道姐姐的心情了吧？」簡簡怯生生說了句：「姐姐，對不起！」素素忍不住笑了，姐妹倆開心地玩了好長時間。

專家這樣說

如何讓孩子學會解決衝突

大寶和二寶吵架，很多父母的第一反應就是快速「息事寧人」，替孩子做裁判，但效果往往不顯著，還可能導致兩個孩子的關係惡化。

不過，從例子中這位媽媽處理女兒矛盾的故事裡，我們看到讓孩子學會自己解決衝突，反而能更好地解決糾紛。

那麼，如何讓兩個孩子自己解決衝突呢？方法如下：

❶ 讓孩子自己感受氣氛

依據前面的案例，當二寶破壞了大寶辛苦搭建的積木城堡，大寶已經生氣的時候，你可以如此詢問大寶——「現在我看到你非常不高興，你是不是覺得妹妹是故意把積木推倒的？」如果大寶的回答是肯定的，而且真的事實如此。

這時，你可以不說話，營造一種「凝重」的氣氛。孩子都是敏感的，再小的二寶此時也可以感受到此刻的氣氛，意識到大寶被自己激怒了。

這時候，不要逼著一個孩子向另一個孩子道歉，其實形式上是否道歉並不重要，重要的是讓孩子感受到你的尊重和愛護。尤其是當孩子已經意識到自己的錯誤，只是礙於面子口頭上沒有任何表示時，也就別太糾結細節，不妨鼓勵孩子：「你想想怎麼讓你姐姐好受些？我們幫姐姐拿一個草莓蛋糕，好不好？」

❷ 給孩子描述糾紛的權利

當面臨一個對峙局面時，要儘量避免評判誰對誰錯，也不要說「不要再爭搶了」或「誰先停下來誰更乖」。所有的孩子都希望自己的解釋被聽到，被理解，如果大寶和二寶都已經到了可以正常表達的年紀，不如鼓勵孩子們講出自己的想法。

比如，你可以對二寶說：「姐姐覺得你是故意的，你想和她說一下剛剛發生了什麼嗎？」——給孩子描述糾紛的權利，這樣可能會再次產生衝突，卻可以幫助他們找出癥結所在，而且會讓孩子增加對我們的信任。

❸ 引導孩子必要的解決方法

要想有效解決孩子之間的衝突，你應該引導孩子，用正確的方法來解決問題。常見的處理方法包括：談判達成妥協，輪流決定等。

例如，如果哥哥想佔用桌子玩棋盤遊戲，而弟弟也想在桌子上玩樂高，你可以建議他們先一起玩棋盤遊戲，然後再一起打掃，一起玩樂高，或者討論接下來玩什麼。

❹ 由角色扮演讓孩子練習換為思考

還有一個比較好用的方法是，在衝突發生之前進行類似情況的角色扮演，比如，拿走一個孩子們最喜歡的玩具，讓他們自己在整個過程中想辦法來解決問題。角色扮演之後，你的孩子就會知道怎樣去處理這種情況，你還可以和孩子討論如果以後再面臨這樣的情況，他是否可以做出不同的處理措施。

專家這樣說

制定必要懲罰規則，公平而不失靈活

孩子吵鬧時之所以找父母，有時並不是為了評理，而是隨便拉一個人聽聽而已，父母無須過多干涉，很快他們就會和好。但是如果衝突擴大，甚至有爆發肢體衝突時，父母應該立即介入。

但往往父母的介入，即便再怎麼保持公正，也難免會讓一方的孩子感覺有意偏袒了另一方。與其讓孩子有這種錯覺，不如提前制定一套必要的懲罰規則。

簡單來說，規則就是一種界限，告訴孩子什麼不可以做。規則就是規則，無關年齡大小，只有對錯。

❶ 明確規範出規則與界線

比如，兩個孩子的玩具物品，應根據他們的意願決定是否分享交換，所有公用的玩具採用先來後到排隊原則，比如蕩秋千，說好每人十下，這是規則。

如果孩子依然矛盾不斷，可以事先劃定一些安全區域。像是把他們的私人財產和共用財產分開，放在不同的地方或者房間。非公用的東西，告訴孩子這是對方的東西，鼓勵孩子主動詢問意見，以獲得同意。如果不同意，可以嘗試溝通和妥協，如果實在不行就接受結果。

制定規則時，並非由大人訂定後讓孩子遵守就可以了，實際上主角是孩子，不尊重他們的特點和意見制定出來的規則，可能會成為一種強迫性的命令，這樣會造成孩子的叛逆心理，所以制定規則時一定要符合孩子的特點，徵求孩子的意見，而且簡單明白易懂，讓孩子一看就能明白。

只有孩子理解了這些規則，才能更好地去遵循，如果孩子不懂，父母一定要把這些規則講清楚。

比如，告訴孩子發脾氣時不可以打人。如果你無緣無故打人，就需要向對方道歉。

懲罰措施是一種警示，我們要提前和孩子講明，哪些事能做、哪些事不能做，以及做了不能做的事情，會受到什麼樣的處罰、承擔什麼樣的責任，這樣會讓孩子做事之前學會思考，明白有些界限堅決不能跨越，在無形當中能夠有效幫助孩子們減少衝突的可能性。

❷ 確實執行懲罰措施

在實行的具體過程中，一定要立即執行懲罰措施，這是確保懲罰有效的關鍵。

也就是說，一旦孩子做了不能做的事情，應當立即讓孩子體驗到該有的懲罰，這會讓孩子意識到規則絕對不只是說說而已，更加認識到遵守規則的必要性。

不管什麼時間，什麼地點，什麼場合，定好的規矩都必須要遵守。不可昨天懲罰，今天就不罰，明天又懲罰。不能昨天是這個樣子，今天又換了另外一個樣子。懲罰要有同樣的原因，使用同樣的方式，這樣做才不會讓孩子理解上出現偏差，導致大家都不遵守規則，產生矛盾。

制定規則不是為了懲罰孩子，而是營造一個有助於兩個孩子之間的和諧共處的環境，因此在公平的基礎上要不失靈活。

如果孩子很內向很敏感，最好不要採用罰站等硬性懲罰方式，而是採用一些較軟性的方式，比如借助寓言、故事、童話，適當加以引申發揮，旁敲側擊。

同時，制定了規則，也不代表孩子的執行就會一步到位，我們要有足夠的耐心。懲罰的真正目的是在規則的指引下，説明孩子一點點進步，協助大寶和二寶之間有效互動。如果一味地懲罰，孩子只會不斷掙脫規則，這就有悖於我們的教養目的了。

兩個孩子相互爭執告狀，爸媽該如何處理？

狀況4 二寶在一起，大吵小吵不斷來

「媽媽，弟弟拿我的筆不還我，我討厭他。」

「爸爸，剛才哥哥踩我了一腳！」

「媽媽，妹妹剛才罵我，還不向我道歉，我再也不喜歡她了。」

「爸爸，姐姐占了大半張桌子，沒我的地方了。」

像這樣的告狀，雙寶父母一點都不陌生，而且經常哭笑不得。你認為這是一個問題吧，但它往往又不是什麼原則性的問題。你認為這不重要，不值得去深究，而兩個孩子卻整天接二連三地來告狀，使你坐立不安，心煩頭痛，畢竟每個父母都希望自己的孩子相親相愛。

專家這樣說

找出孩子告狀的原因

面對兩個孩子的告狀，我們究竟該怎麼處置？相信這是不少父母都有的疑惑。

要想好好解決這一疑惑，其實我們更應該反思，孩子們為什麼愛告狀。不管我們怎麼看待並處理兩個孩子的相互告狀，都應該明白，在孩子告狀的背後，在他們小小的心靈裡，其實自有他們的想法和理由。

在這裡，我們不妨一起來深入探討，並找出一些解決問題的方法。

❶ 孩子確實受到了委屈

很多孩子受到委屈時，比如被哥哥欺負、捉弄，雖然在大多數情況下並不嚴重，但如果弱小的一方缺乏自我保護能力，就可能產生委屈、憤怒等心理，這時就會自然而然地向父母求助，通過告狀請求父母的安慰、同情、保護和支持，或求得公正裁決，這類告狀占了所有「狀紙」的大部分比重。

從另一個角度看，這也正是孩子對父母的一種信任。如果父母認為是一些雞毛蒜皮的小事，不值得深究，孩子會誤以為父母對自己不關心，或者對另一方偏袒，進而激化大寶和二寶之間的矛盾。

所以，我們應該對那些確實受了委屈又沒能力「反抗」的孩子進行必要幫助，不管事情大與小都要積極處理，對犯錯誤的一方給予適當引導，讓告狀的孩子知道父母處理問題是公正的，同時讓事情得到解決，不僅能緩解大寶和二寶的矛盾，也讓他們感受到父母的關愛。

❷ 孩子想引起父母的注意

在二孩家庭，每個孩子都希望得到父母更多的關注和愛，有些孩子表現欲很強，自我評價能力較差，總是期望父母對自己做出肯定的評價，得到父母的表揚和稱讚，卻又常常被父母忽視，因而他就藉一些小事來告狀，他們是在通過「告狀」這種獨特的方式來告訴你——「媽媽，我很棒，請多關注我！」

遇到這種情況，父母千萬不要責備來告狀的孩子沒事找事，而是應該多關注他們，平時多陪陪孩子，多和孩子說一些鼓勵和表揚的話，走進孩子的內心世界。比如，如果孩子在某一方面做得不錯，作為父母，我們要及時進行誇獎：「你確實做得很棒，以後也要這樣做！」一句話會使孩子感覺到父母在關心他，看到了他的努力。同時也會轉移孩子的注意力，不再糾纏於告狀本身。

但是，不能過多表揚這類孩子，以免孩子形成愛「打小報告」的壞習慣。

❸ 孩子出於簡單的是非判斷

有的孩子看到兄弟姐妹在做的事情，自己也很想去做，但不確定這種行為正確與否，是否在被允許的範圍，他們擔心做錯事，就利用「告狀」來探虛實。如果父母對這一行為持肯定態度，那麼他會立即模仿這種行為。若父母反對，那麼他不僅自己不會做這種行為，還會阻止兄弟姐妹。

對於這一類告狀，我們平時要多給孩子制定行為規則，什麼能做，什麼不能做，讓他們心中有數；也可以將兩個孩子叫到一起，讓告狀者公開表述自己的觀點，引導不正確的行為。如果對錯不太明晰的行為，也可以讓兩個孩子進行討論，發表各自的觀點，使兩個孩子都從中得到品行教育。

❹ 源自一種損人利己的心態

我們已經知道大寶和二寶之間存在激烈的競爭，當發現自己在才能、名譽、地位或境遇等方面不如對方時，有些孩子就會產生一種由羞愧、憤怒、怨恨等複雜的情緒狀態導致的嫉妒行為。他們「告狀」時常添油加醋、誇大其詞，希望通過告狀貶低對方、抬高自己，讓對方受到父母的嚴厲批評。

很明顯，這是一種損人利己的心態，這種告狀堪稱「兒童版告密」，是身為父母要特別注意的，我們不僅要讓孩子明白什麼是「實事求是」，而且要注意孩子的心理層面。比如，姐姐明明做得不錯，弟弟卻故意告狀，那麼不妨給弟弟提供一些如何變得優秀的建議，引導他去發現姐姐身上的優點，取人之長，補己之短。

由此可見，孩子互相告狀表面看起來多是小事，其實動機各有不同，關係到兩個孩子之間的情感培養，也關係到每個孩子成長過程中獲得的幸福感，以及以此形成的價值觀。因此，我們不能輕視敷衍，而要了解事情的真相，再根據事情大小做出恰當處理。

處理這些問題，是非常考驗成人耐心的，因為在大人看來無足輕重的事情，在小孩眼裡都是大事。多一些耐心，多一些包容，這樣就把一個個問題變成了孩子成長的契機。

專家這樣說

教二寶學會尊重大寶

很多父母有這樣一個心理：覺得有了二寶之後，大寶就必須要學會做一個「好孩子」，就應該有哥哥或姐姐的樣子！可是二寶好像對「好孩子」絲毫沒有概念，處處欺負和打壓哥哥姐姐，進而引發彼此之間的矛盾和對立。怎麼辦？

如果你也面臨這樣的煩惱，以下幾個方法或許有所幫助。

❶ 及時制止＋必要的教育

二寶雖然年齡較小，但心思不比大寶少，往往會仗著父母或者家人的祖護，故意和哥哥姐姐「嗆聲」。這時如果大人不及時制止，就會激化孩子之間的矛盾。

所以，如果發現二寶「欺負」大寶，父母一定要及時制止，並進行必要的教育。即使孩子年齡小，對很多話語不理解，但該說的一定要說，要告訴他這是不對的，打人是會疼的，加深印象和認知。

❷ 及早幫孩子規定規矩

由於年齡幼小，認知不足，有些二寶並未意識到自己的言行對大寶是一種「欺負」，這時父母應及早給二寶訂規矩，讓二寶知道哪些言行是正確的，哪些言行是錯的。

「姐姐睡覺時，不許大喊大叫，這是很不禮貌的。」、「你不要欺負姐姐，你打姐姐也會痛的。」、「好吃的東西，要跟姐姐分享。」……也許孩子並不是故意的，但仍然應該提出提醒，這會讓二寶清楚你的態度，告訴他那些不尊重大寶的行為你都有注意。給二寶訂規矩的時候，最好當著大寶的面，讓大寶感受到父母的尊重，這是消解倆孩子之間矛盾的關鍵。

❸ 教會二寶準確表達想法

小孩子通常不太會表達自己的想法，越小的孩子越困難，他們便會嘗試用憤怒的行動來表達。二寶之所以出現「欺負」大寶的行為，有時只是想和大寶玩，或者希望得到關注。為此，我們不妨教二寶一些簡單的詞彙，準確表達自己的想法，比如想要就說「要」，想玩就說「玩」等。

❹ 把滿滿的愛回饋給大寶

在日常生活中，我們不僅要教會大寶愛二寶，也要教會二寶把愛回饋給大寶。

比如，過節日或者過生日時，如果姐姐為弟弟準備了一份禮物，父母要提醒弟弟也要準備一份禮物回報給姐姐。同時，父母也要盡己所能，為兩個孩子都準備一份禮物。讓大寶感受到來自弟弟妹妹的愛和尊重，他們自然就會更容易接納和照顧弟弟妹妹，如此也更容易培養出親密無間的手足之情。

家長的負面情緒，會打破孩子的心理平衡

──教養路上，爸媽也請照顧好自己

孩子都我在顧，
家事都我在做，
有夠累…
媽媽您辛苦了！

狀況5 婚後有了孩子，卻沒了自己的時間

某社區，幾個媽媽正在閒聊：「自從生了孩子以後，我每天都是圍著孩子轉，一點個人時間都沒有，沒有朋友、沒有娛樂，真覺得這樣的生活沒有意思。」

「我老公一天到晚都在忙工作，家裡大小事情什麼都顧不上，全都是我一個人做。我總是莫名地感到心情煩躁，總會忍不住吼孩子。」

「一個孩子還好些，兩個孩子才難辦。我現在每天上班工作又累，回家還要照顧兩個孩子。有時候，工作不順利了，和同事生氣了，或者傷心了，表情

全寫在臉上，不僅影響工作，引得兩個孩子也整天板著臉吵架。」

聽起來，這些媽媽們真是滿腹牢騷。

回想一下，你在孩子面前經常是什麼樣的狀態？工作上的不順利、糟糕的人際關係，或者繁重的家事，孩子爸爸的不盡責、孩子的差勁表現，等等。不少媽媽經常處在一種不滿和憤怒之中。但身為媽媽，你知道自己的情緒，會如何影響孩子們的情緒嗎？

對於任何一個孩子而言，世界上最愛的人莫過於媽媽。媽媽的表情，沒有人能比孩子更敏感。如果一個媽媽總是一副愁眉苦臉的表情，甚至抱怨連連，這會打破孩子心理上的平衡，導致他們內心缺乏安全感、有遺棄感、容易煩躁、敏感，不難想像，這樣的孩子也更容易引發衝突。

養育孩子不容易，養育兩個更不容易，但是為了兩個孩子的快樂成長，為了整個家庭的和睦，媽媽們與其焦慮煩躁，倒不如先讓自己快樂起來，這才是最主要的事情。

那麼，媽媽們可以如何讓自己快樂起來呢？

專家這樣說

其實你不必做完美媽媽

為了做一個稱職的好媽媽，許多媽媽會在潛意識裡給自己設定一個完美媽媽的標準，但是這世上沒有完美的人，也不可能有完美媽媽。如果事事要求自己做到完美，無形中會給自己很大的精神壓力，而且總會發現自己有做不好的地方，如此心情怎麼可能放鬆和愉悅？所以學著允許自己不完美吧。

某位著名主持人也曾經因為自己不是完美媽媽而恐慌過，她希望每天給孩子做想吃的食物，她希望每天陪伴在孩子身邊，但是她的廚藝不夠精湛，工作要求她必須經常出差，為此她變得十分焦慮，孩子也跟著焦慮起來。意識到這一問題後，她開始轉變自己：「我的孩子有一個不會做飯的媽媽，但是他們也有一個見多識廣總是興致勃勃的媽媽，一個享受著自己工作和生活的媽媽，我覺得這很重要，總比一個整天唉聲歎氣的媽媽要強。」

任何媽媽都有好的一面也有不好的一面，在做媽媽的過程中也會經歷無數試錯和試煉，媽媽給孩子最重要的東西是永遠的愛，我們無須做到處處完美，只需要問心無愧就好。如此一來，在面對自己的媽媽角色時，在處理複雜的親子關係中，我們才能比較輕鬆地面對，也才能做到更好。

所以，不妨適時地告訴孩子：「對不起寶貝，我不是一個完美的媽媽，但是我一定可以做一個愛你、信任你的媽媽。」

專家這樣說

抱怨問題不如解決問題

當看到二寶的出生引發大寶各種反常行為時，有些媽媽也會跟著煩惱不已：「每天照顧二寶就已經夠辛苦了，大寶還偏偏要給我添麻煩，真是氣人。」當大寶和二寶因為一件玩具吵鬧時，媽媽又會愁眉苦臉地想「兩個孩子帶來這麼多麻煩」，甚至開始後悔「早知道這樣，我們就不生二寶了」。

其實，與其把時間浪費在無用的抱怨上，倒不如仔細尋找解決問題的辦法，想方法化解大寶的內心情緒，運用各種方法協調大寶和二寶之間的關係。唯有如此，才有改變現狀的能力，令情緒得到好轉。

專家這樣說

「育兒」只是生活的部分而非全部——學會適當地「放手」

工作總有下班的時候，工作不會是一個人的全部，「育兒」也是一樣，只是作為生活的部分，而不是全部。所以在適當的情況下，不妨跳出「媽媽」這一角色，去做自己喜歡做的事，允許自己休息一會，或者和朋友們聚會，或者讓爸爸進入到育兒生活中，反而能夠積極地調整自己的情緒，擁有更多的熱情、活力、創造力和情感，這也將更有益於孩子的心理發育。

隨著孩子們的長大，獨立能力的增強，比如可以獨自吃飯、玩耍、如廁等，媽媽要學會「放手」，不要過度控制和監督孩子，充分信任自己的孩子，給他們以適度的自主空間，有利於發揮他們的主動性，自由去探索世界的種種可能。

比如，有些媽媽一邊抱著二寶餵奶，一邊陪大寶寫作業，經常被大寶氣得回奶；有些媽媽同時陪兩個孩子做作業，常常吼完這個，又吼那個，很是苦惱。其實大可不必，你可以事先跟孩子提出條件，比如，晚上八點可以玩玩具，但在之前必須要把作業寫好。在不全程監督孩子寫作業的情況下，讓孩子自己掌握節奏，靠自覺完成作業，這要比緊盯著孩子完成作業的效率高得多。

常常處在媽媽的快樂笑容中，孩子們的人格會發展得更完善和成熟，從而也能讓孩子們成長得更健康，如此孩子之間發生矛盾和衝突的可能性勢必大大降低。

4 chapter

沒有絕對的公平，只有「適當的偏心」

由於年齡和認知的限制，許多孩子並不能真正理解公平的意義，對於深愛父母的他們來說，父母是否公平地愛自己和兄弟姐妹也不重要。他們所在意的是，自己是不是父母最愛的孩子，父母是否還像以前一樣愛自己。

兩個寶貝怎麼教，夫妻觀念要統一

小孩就該用我的方式教！
爸爸媽媽為什麼要一直吵架？

狀況1 夫妻兩人為了教育問題爭吵不斷

生了二胎之後，小敏既要照顧兩個孩子，又要做家事，精力和時間都面臨很大的考驗，經常累得腰酸背痛。為此，她決定嘗試一下「放養」教育，比如儘量少控制孩子，少嘮叨，讓他們有一些自由的空間和時間自己去經歷和體驗，但丈夫卻不認同這一點。

有一次，小敏帶兩個孩子去公園玩耍，回來後幫他們洗手，結果兩個孩子把玩具都放進洗手檯裡玩起來。小敏看孩子們玩得非常開心就沒有阻止，結果丈夫看到後卻開始不停喝斥孩子們：「不要把玩具扔水裡」、「不要把袖子弄濕了」、「你們再這樣玩，就把地板全弄濕了」……

兩個孩子因為受到爸爸的訓斥大哭起來。爸爸餘怒未消，將矛頭指向老大：「弟弟還小，不懂事，你也跟著瞎玩嗎？還不趕緊寫作業去。」

小敏埋怨丈夫：「孩子們玩得這麼好，又不是什麼大事，沒必要發脾氣。再說了，老大也還只是一個孩子，他願意玩會就讓他玩會，作業一會再寫也不遲。」

誰知丈夫更生氣了：「老二還小，可以玩得自由點。老大已經上小學了，不能再玩了。要我說，你根本不會教小孩。」

小敏一聽氣也來了，反駁道：「玩，本來就是所有孩子的天性，這麼小就用條條框框要求孩子，不讓他們快樂玩耍，他們能健康成長嗎？」因為在孩子教育問題上意見始終不統一，小敏和丈夫經常吵架，矛盾越來越深。

專家這樣說

行動前先達成共識

父母教育態度不一致的現象十分普遍，這種分歧和衝突，往往是導致家庭教育失敗的重要原因，也是夫妻感情破裂的一大因素。

既然如此，學習避免因孩子教育問題而產生夫妻矛盾的方法就十分重要！只有父母在教育問題上達成共識，步調一致，才能家庭和睦，利於孩子成長！

相信每一位父母都是愛孩子的，之所以在教育孩子時出現不同的態度和理念，是由於夫妻雙方來自不同的家庭，有不同的文化背景、成長經歷，和價值觀。對於「愛」的理解不同，投入愛的方式也就不同，彼此又缺乏必要的理解與協調，因此就會各有各的主張。

很明顯，這裡沒有本質上的對立，也沒有絕對的對與錯。明白了這一點，接下來就需要在以下幾點做出努力了：

❶ 正視衝突並積極解決問題

在孩子的教養問題上，夫妻雙方難免有所爭執。如果兩個人一直僵持不下，認為自己的觀點才是對的，甚至演變成單純爭論誰對誰錯的問題，那就偏離了教養的主旨。

此時，雙方需要管理好自己的情緒，再心平氣和地討論。千萬不能搞一言堂，認為只有自己才是正確的，對方必須聽從自己、配合自己。無論什麼時候，要想讓對方做你的傾聽者，接受你的觀點、意見和想法等，而是要先要讓對方感受到來自你的尊重，而不是強迫對方聽自己說什麼。

❷ 避開孩子單獨協調

在教養的問題上，即便夫妻雙方已經做了充足的交流，也難免會有分歧出現。這些分歧需要進一步討論，但是應該盡可能不要當著孩子的面爭論，因為這會讓孩子不知該聽爸爸的話，還是該遵守媽媽的規定，就會像牆頭草一樣無所適從，失去了方向。有些孩子還會因此產生罪惡感，認為爸媽的吵架是因為自己而起，造成心理負擔。

出現分歧的時候，心中默念：「暫停！暫停！」做一做深呼吸，提醒自己保持清醒的頭腦，或者儘量及時離開現場，「這個問題我需要好好想想，一會再談」。或者學著退讓一步，「雖然我們的想法不同，但你說得有一定的道理。」……相比而言，這遠比當著孩子的面爭個高下，對孩子的傷害要小。

❸ 建立一致的教養觀

任何知識都是需要學習的，教育也是一樣。

當夫妻之間出現意見分歧時，可以把所有方式方法都放到桌面上來討論，及時發掘問題的所在，權衡各種方法的利弊，制定出一套你們兩人都能接受並同意執行的方法，再以一致的態度面對孩子。試用幾個星期後，如果這套方法你們都不滿意，那就要準備調整或重新採取新的方法。

例如，孩子們到了睡覺時間仍不肯就寢，媽媽可能一直催著孩子去睡覺，但爸爸和孩子們的玩興正濃，怎麼也不肯去睡。這時媽媽最合適的做法不是指責丈夫和孩子們，而應該和丈夫好好談談，孩子究竟幾點睡覺、幾點起床等。

當彼此達成共識，形成相同的教養態度後，不但可以避免沒有必要的衝突，也有利於更深入、更廣泛地了解教育理念，找到對孩子最有利的教育方法。

④ 修復不良的夫妻關係

還有一種情況是，有些不同的教養觀，完全是由夫妻關係不好所引起的。

有些父母會通過孩子聽誰的，來衡量自身的家庭地位，或者乾脆將子女問題演變成發洩對另一半的不滿，藉題發揮。

如果夫妻經常為孩子的教養問題而爭執，不妨先試著跳出來，對自己的婚姻關係來一個全面而徹底的檢測。如果發現夫妻關係出現問題，應及時進行調適和改善，進而化解經常出現的育兒爭執。

親子守護站

在父母建立一致的教養觀部分，以下以手機為例示範。

若遇到孩子想要玩手機的要求時，爸爸媽媽可以先討論彼此的共識是什麼？討論的內容可以包含哪些？

舉例來說，可以包含：孩子可以玩手機嗎？在什麼條件下可以玩？有別的替代方案嗎？如果孩子玩的時間太長，或是超過規定的時間怎麼辦？如果孩子要求不給手機就不寫功課時該怎麼辦？……等。

這些孩子的行為都可能造成夫妻之間意見的差異，所以如果能夠預先建立共識，就會減少衝突或不一致的情況，就算出現不一致的情況，也能夠回到原本的共識去討論原因。

大寶教得不理想，二寶教育勿偏激

我就是讓老大太放心了，所以才沒學好！老二絕對要好好教。

媽媽每天都幫我排了好多課，好累…

狀況2 把最好的資源都給了孩子，為什麼他還是不高興？

雯雯是一名護士，上中班、晚班都是常事，而她老公自己開公司，一天到晚忙得屁股著火。雯雯休完產假就開始上班，兒子則由一位保姆阿姨照看，從小就讓孩子看電視，別撞著碰著就行。久而久之，孩子天天只知道玩，學習起來非常吃力，經常拖整個班級的後腿。這讓雯雯夫婦經常覺得抬不起頭，乾脆把揚眉吐氣的希望寄託在第二胎。

雯雯很後悔自己當初對孩子撒手不管，生下女兒後，毅然辭職做起了全職太太，衣食住行無一不花心思在女兒身上。女兒一歲開始上親子課，每天半天；三歲入幼稚園，讓女兒開始同時學英語、鋼琴、跆拳道、美術，天天像趕場一樣；六歲上了學前班，雯雯已經帶著女兒把小學一年級的語文、數學學了個遍；七歲入小學，雯雯一心想讓女兒考出好成績，便買了厚厚一疊練習冊，每天放學後除了完成課後作業，還要再做一小時的額外練習。……當然，這個可憐的孩子，天天被課業壓得連玩耍的時間都沒有了。

雯雯為女兒花費了大量時間和金錢，兢兢業業督促女兒學習，結果發現女兒雖然成績比兒子好，但比兒子更令自己頭疼，在家裡經常不和自己說話，一個人悶在自己的屋子裡。說上三句話就像個炮筒，總是無緣無故地發脾氣。

雯雯驚詫莫名：「我對女兒這麼好，為什麼她會這樣？真是氣死我了！」

專家這樣說

期望要符合現實基礎

每位父母都望子成龍，望女成鳳，但大寶教得不理想，二寶教育別因此偏激過頭，尤其是不要以「期望」的名義給孩子無形的壓力，對二寶的期望過高。因為對孩子寄予過高的期望，可能令孩子背負沉重而邁不動腳步，導致孩子面臨巨大的精神壓力，甚至引發焦慮心態、心理疾病等。

正如雯雯，眼見兒子因為父母疏於管理而成績糟糕，便將女兒的時間安排得滿滿的，無休止地要求孩子學這個學那個，學習幾乎占去了孩子所有時間，她失去了一個兒童應該享有的天真和無憂無慮的生活。這樣的孩子內心怎麼會快樂呢？換位思考一下，如果有人天天這樣要求你做這做那，你是什麼感受？

既然如此，父母乾脆不要對孩子有任何期望了？當然，這也是一種極端。其實，當發現大寶教育得不理想時，父母最應該做的是能夠反思之前的教育行為，發現不足和缺點，根據經驗和教訓，再對二寶提出一定的期望。期望要合理。對孩子，不要逼迫，要多溝通，多排解壓力。

作為父母，要求孩子是必要的，因為孩子的自我約束能力差，需要有人幫他樹立目標並促其前進。但是，這種要求和期望應該依照孩子的能力和年齡等做合理的期望。也就是說，在對孩子有所期望時，父母不可僅僅按照自己的意願對孩子建立期望，而是要考慮是否適合孩子自身的發展水準。

在教育心理學中，我們常常聽到一個詞，叫「合理期待值」，即強調每一個年齡段的孩子都會有生理和心理的特徵和局限性。只有符合孩子生理和心理水準的期待，才能說是合理的、科學的。一般而言，給孩子樹立一個「跳一跳就能得到」的期望目標是最合適的，能有效激勵孩子。

專家這樣說

及時調整對孩子的期望值

望子成龍望女成鳳是人之常情，但是父母最好不要為了讓孩子實現目標而轉移自己的生活重心。在孩子的人生道路上，父母始終起到的是輔助作用，有些父母卻把自己的存在價值作為籌碼壓在孩子身上，比如為了孩子辭職陪讀、花大筆錢財為孩子找老師……，彷彿活著的意義就是為了孩子，對孩子來說反而是一種壓力和負擔，無論如何他們也承受不起。你付出越多，他們越反感。

在孩子實現目標的過程中，父母只要及時地鼓勵和引導，就可以了。

孩子是在一天天不斷發展變化的，孩子實現期望的過程也是一個變化的過程。所以，根據孩子自身的實際情況，及時調整對孩子的期望值是非常必要的。

例如，當孩子已經通過努力實現了一定的期望，或者發現當初的目標定得過低時，父母要及時地從心態上調高期望值，如此便能持續性地激勵孩子。如果發現孩子努力後並不理想，或者發現當初的目標定得過高，父母要及時從心態上調低期望值，並暗示孩子「可以退而求其次」，讓孩子更快樂、自由發展。

無論大寶還是二寶，教育應該是合情合理的。只有父母給孩子正確的期望，孩子才有可能在成長中獲得成就感，成為一個能夠自我接納的人。

公平對待兩個孩子
——為何孩子會抱怨不公平？

我覺得爸爸媽媽一點都不公平！
我已經盡量對兩個孩子公平了……

狀況3 孩子眼裡的不公平

碩碩很喜歡畫畫，這天他畫了一輛汽車，正得意洋洋地欣賞著，突然，妹妹玥玥伸手拿了他的畫，碩碩一把將畫抓回自己手上，動手打了妹妹一下。身邊的媽媽看見了，說了一聲：「碩碩，不可以這樣。」碩碩倒吸了一口氣，哭了起來。

媽媽問：「你哭什麼？」

碩碩怯怯地說：「你們總是替玥玥說話，不公平。」

媽媽一震，她自覺對兩個孩子很公正，壓住心裡的一絲不悅，她問：

「哦，你感覺不公平的地方有哪些？可以平靜地說一說嗎？」

碩碩說了三件事，越說越平靜，他說：「我要拿玥玥手上的東西都要先問過她，而她卻從不用問我。我倆吵架的時候，你們總是說我，對她就輕輕說幾句。還有，今天早上在這裡吃蛋糕的時候，玥玥吃了兩塊，我只吃了一塊。」

聽完這三件事，媽媽有些目瞪口呆，無言以對。之前媽媽教過玥玥，拿哥哥的東西要問過哥哥，只是她一直沒有學會。而且，媽媽一直認為這是很小的事情，碩碩總是發火，有些小題大做。另外，吃蛋糕的事情她忘記了，早上她端出來一個蛋糕，至於兩個孩子究竟吃了多少，說實話她沒有留意。

「為什麼這麼小的事情，孩子也能扯到公不公平上？」媽媽陷入了沉思。

專家這樣說

爸媽可以如何落實公平？

面對孩子時，父母都希望一視同仁，不偏心任何一個。但很多時候，明明已經盡力去做到公平了，但還是能聽到孩子抗議的聲音「你就是喜歡妹妹」、「為什麼每次都帶哥哥出去」，或者乾脆來一句「你們一點都不公平」。於是很多父母開始抱怨，公平說起來簡單，做到卻並不容易。

給兩個孩子公平的對待很難嗎？當然難，因為每個孩子心裡都有自己的一把尺。

那是不是意味著父母難以做到公平，也不是，因為公平也是有方法可循的。父母只要抓住關鍵的幾點，終究是能實現。

❶ 公平不是嘴上說，而是用行動實踐

父母不要只在口頭上說「愛是公平的」，而應通過具體的行動呈現。比如，兩個孩子發生矛盾時，父母不能只有口頭上說要公平處理，而是要保持公正溫和的態度，給予有效分析，可以讓他們各自向對方道歉。有時讓大寶先向二寶道歉，有時讓二寶先向大寶道歉，兩個孩子總能在最後恢復冷靜，重歸於好。

再比如，當一個孩子犯錯的時候，誰有錯就罰誰，不能連帶處罰。有的父母為了表現公平對待，為了讓孩子相互監督，一人犯錯兩人受罰，但是這樣的處罰方式本來就不公平，沒有做錯事的人，為什麼要接受處罰呢？這只會導致孩子埋怨害自己受罰的兄弟姐妹，也就更認為父母不公平。

❷ 注意小細節，盡可能做到公平

有些父母常常忽略一些零碎小事，但對孩子來說，這就是重大事件——攸關手足間平等感受與確信被愛的重大事件。正如碩碩說的三件小事，媽媽覺得不需要太在意，但孩子在意的，確實就是這些細小的事。

明白孩子在意的點後，我們平時可以多注意小細節。比如跟孩子說話時，可以有時候先叫大寶再叫二寶，有時候先叫二寶再叫大寶。讚美孩子也要做到

平等，最好做到兩個都誇讚。不能只誇獎一個孩子，而忽略了另一個孩子。

❸ 引導孩子說出對公平的想法

當孩子抱怨你不公平時，也代表他們逐漸長大懂事了，這時可以試著引導孩子說出心中認為父母怎麼做才叫公平。

父母認真傾聽孩子的想法，給予他正面的肯定和積極的回饋，審視自己的方式是不是有需要改進的地方，及時地找到問題的根源，以及表達「爸媽願意為你調整」的意願。如此，孩子自然會感受到父母的用心和關愛，由於不公平所感受到的情緒，自然得以緩解和消除。

只有父母做了這樣的努力和決策，才能讓每個孩子都能享有公平而有品質的教育。

專家這樣說

妥善分配「公平的時間」

由於年齡和認知的限制，許多孩子並不能真正理解公平的意義，對於深愛父母的他們來說，父母是否公平地愛自己和兄弟姐妹也不重要。他們所在意的是，自己是不是父母最愛的孩子，父母是否還像以前一樣愛自己。

公平是一種很個人化，選擇性很強的想法——比如，在分配麵包片時，假如你面對的是一個六歲和一個三歲的孩子，那麼將麵包一分為二進行分配公平嗎？這顯然是不太理想的，如果你給六歲的孩子分兩片，給三歲的孩子一片，表面看起來雖然不是均等的公平，但可能是理想的公平，因為這樣的分配正好與孩子們的食量相當。

除了這些日常分配之外，許多媽媽經常遇到的一個問題是，兩個孩子都恨不得盡可能多地霸佔媽媽。但在有限的時間裡，無論你怎麼做，怎麼努力，都不可能讓兩個孩子全滿意！怎麼辦？其實，時間不是重點，重點是某段時間裡，你是否能讓孩子體會到百分百被疼愛、被關注的感覺。

每一個孩子都渴望擁有獨立的親子關係，也就是說，對於老大來說，他和媽媽的關係就是屬於他自己的，他和爸爸的關係也屬於他自己。對於老二來說，他和媽媽的關係也是屬於他自己的，他和爸爸的關係也屬於他自己，孩子都渴望和爸媽單獨相處的時間，這會讓他們內心有安全感和歸屬感。

為此，我們不妨趁一個孩子睡覺時，好好和另一個玩玩遊戲、聊聊天。或者，規定晚上七點到八點，是老大的媽媽時間，對老二來說就是爸爸時間。每一對父母拆開來，一個人陪伴一個孩子。哪怕每天留十分鐘與孩子單獨相處，把自己完全交給孩子，做什麼都可以，發自內心地享受和他在一起的樂趣，都可以讓孩子感受到父母在某時某刻是完完全全屬於自己的。

每個孩子的心理需求都各有不同。因此，即使父母基本做到了形式上的公平，在一些孩子的眼裡還是會存有不公平。

因此，除了給每個孩子安排一些單獨相處的時間，我們還要根據孩子的不同年齡、愛好等，去找到屬於他那個獨特的點，製造出這樣的感覺：「有些事情，我喜歡和你一起做，一起享受其中的樂趣。」這種獨一無二的感覺會讓孩子體會到「媽媽愛我」、「我在媽媽心目中很特別」，自然就不會懷疑父母是否偏心了。

比如，在和大寶一起閱讀繪本時，你可以趁機說：「弟弟還太小，聽不懂這些有趣的故事。你知道嗎？和你一起讀故事是媽媽最大的享受。」又比如，你可以跟女兒說：「和妳一起打扮芭比娃娃有趣極了，哥哥體會不到這種樂趣太可惜了！」……

靈活的公平可以滿足每個孩子的需要，化解孩子們心中產生的不平衡，他們之間的競爭意識和緊張形勢自然會得到緩解。

善用心理學，讓孩子知道你愛他

媽媽都偏心，對弟弟妹妹比較好。

該如何讓孩子覺得我是公平的媽媽呢？

狀況4 碗裡的秘密紅燒肉

高明是某貨運公司的經理，這天他接到一個緊急任務：一位重要客戶要求他將一批貨物搬運到碼頭去，而且必須在半天內完成。時間緊，任務重，手下只有幾個夥計，怎麼辦？給幾個夥計下死任務，硬逼著他們完成？這不僅容易激起夥計們的怨恨，還可能導致罷工。怎麼辦？高明自有妙計！

這天一早，高明親自下廚為夥計們做飯。開飯時，他又幫夥計們把飯盛好，還親手端到每個人手裡。夥計小甲接過飯碗後，正要用筷子往嘴裡扒飯，突然聞到一股誘人的紅燒肉香味，他用筷子悄悄扒開米飯，當即發現三塊油光發亮的紅燒肉。小甲立時扭過身，一聲不吭地吃起來，一邊吃一邊想「經理這樣看得起我，今天幹活時可要多出點力」，一開工他就把貨物裝得滿滿的，一趟又一趟，來回飛奔著……

整個上午，其他夥計也都一樣賣力，個個汗流浹背也不說累。結果，原本需要一天才能做完的活，一上午就做完了。小甲偷偷問同事小田：「你今天怎麼這麼賣力？」小田反問：「你不也一樣？」小甲說：「不瞞你說，早上吃飯的時候，經理在我碗底塞了三塊紅燒肉！他對我這麼關照，我不能讓他失望啊！」

「啊，我的碗底也有三塊紅燒肉，」小田說，「今天所有人都幹得比平時賣力，莫非……」

於是，兩人又問了其他夥計，這才知道原來經理在大家碗裡都放了肉。難怪吃早飯時，大家都不聲不響地吃得那麼香。為什麼要單獨在每個夥計碗底放紅燒肉，而不是端在桌子上大家共分享？「那樣大家可能就不會這麼賣力了。」高明解釋。

專家這樣說

學會籠絡每個孩子的心

從這個故事中，我們可以看出高明很會籠絡員工，他讓每個員工都感到這份激勵是針對自己的，每個人都會因此而產生一種「經理這樣看得起我，今天可要多出點力」的自豪感和成就感。試想，如果他把紅燒肉端上桌讓大家共分享，會是什麼結果？肯定也能激勵大家，效果卻會大打折扣。

同樣的道理，父母對孩子的愛也是一樣的，表達的方式不一樣，就會產生不同的效果。而在這方面，一些父母的做法值得稱道。

> 小柳兄弟姐妹一共四個，她上面有一哥一姐，下面還有個弟弟。小時候，家裡條件比較困難，如果有什麼好吃的，母親都會當著四個孩子的面，公平分配，但卻令孩子經常抱怨東西太少不夠吃。而小柳更覺得委屈，認為自己應該算是爹不疼、娘不愛的那個孩子。
>
> 有一天，母親把一個烤地瓜悄悄塞給小柳說：「你快吃吧，家裡就這一個，你哥哥、姐姐和弟弟都不知道。」小柳一陣激動，狼吞虎咽地就把地瓜吃掉了。吃完後感覺很幸福，因為她突然發現母親原來對自己是最好的。從此以後，她在母親面前變得越來越乖，心裡也一直記著母親的好。
>
> 後來，母親漸漸老去，兄弟姐妹也都長大了。大家在一起聊天的時候，偶然聊起小時候最喜歡的食物，居然異口同聲地說了「烤地瓜」。原來，母親用同樣的方法籠絡住了每個孩子的心，使每個孩子都覺得自己才是母親最疼愛的那個，讓每個孩子心裡都感受到了幸福。

在這個故事中，我們看到一位深愛每一個孩子，又十分聰明的母親。愛，是人心最渴望的情感。每個孩子都希望自己是父母心中最特別、最不同的一個。所以，當你學會籠絡每個孩子的心時，就會讓他們都覺得自己是父母的最愛，無疑將大有益處。

專家這樣說

放大孩子的獨特之處

家有二孩的父母，總是會聽到孩子們的追問：「媽媽，你最愛誰？」就像全世界的癡男怨女們都喜歡追問「你愛我嗎？」一樣。

這個問題難住了許多父母，手心手背都是肉，說什麼好呢，都愛？可是孩子很反感這種話，更會不依不饒地問。說其中某一個？這肯定是萬萬不可的。我們不想傷害任何一個孩子，可有時一碗水很難端平，我們做不到絕對的公平，那麼就儘量避免傷害，從孩子不同的優點出發。

在這一方面，芭芭拉・M・宙斯（Barbara M. Joosse）的繪本《媽媽，你最愛誰？（I Love You the Purplest）》是很好的示範：

芭芭拉有一對雙胞胎兒子，麥克斯和朱利安，兩個小男孩總是卯著一股勁，一較高下，都想成為媽媽眼裡最好的那一個。兩個小男孩抓蟲子，抓完蟲子讓媽媽裁決誰抓的最多，媽媽無比平靜地回答：「麥克斯，你捉的蟲子最好看。朱利安，你捉的蟲子最肥。」兩個孩子又較勁比起了划船：「媽媽，我們倆誰划得最好？」媽媽微笑著回答：「朱利安，你划得穩。而麥克斯，你划得快。」

孩子們終於問到了這個問題：「媽媽，你最愛誰？」

「哦，朱利安，我最愛你的沉靜。我愛你，像蜻蜓翅膀尖上那一抹藍色，像灰熊和蝙蝠出沒的山洞深處的顏色。我愛你，像山中的薄霧，像瀑布飛濺的水花，像說悄悄話時的那一份寧靜。」

「麥克斯，我最愛你的熱情。我愛你，像晚霞映照天空的那一片火紅，像悄悄穿過叢林的獵豹眼睛的顏色，像夜晚燃燒篝火的顏色。我愛你，像一個大大的擁抱，像湍急的漩渦，像一聲洪亮的呼喊。」

看到這些，你是不是也很佩服這位媽媽的智慧。她既沒有特別誠實地回答「麥克斯抓的最多，朱利安划船最快」，也沒有用「你們都很棒」的話語敷衍孩子們，而是用了些心思，去觀察，去分析，然後去表達：你們各有長處，你們是媽媽眼裡獨一無二的孩子，你們都值得讚美！

無論孩子的性格怎樣，無論孩子反覆確認多少次，有時他們並非想得到一個「我最愛你」的答案，而是希望父母能看到自己的特別之處。而你發自內心的認可，就是對孩子最深刻的愛。

會哭的孩子有糖吃？
——先同理，再疏導

媽媽，我就是要買這個，嗚嗚嗚！
孩子一直哭怎麼辦？還是買給他好了？

狀況5 需求沒被滿足就哭鬧的孩子

陽陽雖然只有五歲，但他就像一個小霸王一樣，以自我為中心，想怎麼樣就怎麼樣，很難妥協。若父母堅持要陽陽聽話，陽陽不是大哭大鬧，便是十分生氣，讓父母傷透腦筋。比如，外出遊玩時，陽陽經常要買一堆玩具，一旦被媽媽拒絕就會當街大哭、大喊、耍賴近半個小時。

「哎呀！你是怎麼了！」「媽媽，我要這個玩具，嗚嗚……」陽陽在玩具櫃檯前哭鬧著。「不是剛給你買了這幾個玩具嗎？」媽媽不解地問。

「我還要這個，」陽陽嗚咽著說，「買給我。」

「好了，好了，別哭了！這個也買了吧。」媽媽無可奈何地說。

有了妹妹之後，陽陽的脾氣更大了，經常和妹妹爭玩具。沒過一會，妹妹就會嗚嗚哭起來，而陽陽也不甘示弱，總是比妹妹哭得還要大聲。而且，他一言不合就大哭大鬧，吃飯要哭，睡覺要哭，做作業要哭，不給零食吃也哭，上幼稚園要哭……直到媽媽「投降」為止，才會停止這個「噪音」。

更糟糕的是，妹妹也跟著哥哥變得愛哭鬧了，滿足不了自己想法時，就會選擇用哭表達。兩個孩子，一個哭，一個鬧，這種場景令無數父母們崩潰至極。

專家這樣說

當孩子以哭鬧「要脅」時，怎麼辦？

哭鬧是孩子最常用的手段，為了實現自己的要求、為了表達自己的不滿，他們會在第一時間選擇哭泣的方式。為了讓孩子停止哭泣，有些父母會失去原則，失去理智，只要孩子不哭，什麼條件都能夠答應，正所謂「會哭的孩子有奶吃」。

但是，孩子一哭大人就妥協，對孩子的成長能帶來好處嗎？那些會鬧，會哭的孩子，就應該贏得更多的關注嗎？實際上，這樣只會誤導孩子，讓孩子覺得不管遇到什麼問題，只要一哭或者一鬧就能解決，所以不願意去思考更好的解決辦法。久而久之，養成投機取巧，甚至無理取鬧的習慣。

家有兩寶的父母一定要避開這種誤區，以免孩子們一遇到問題，或者有什麼需求時，就會比誰哭得更厲害，那就更令你頭痛了！

所以當孩子以哭鬧「要脅」的時候，父母可以怎麼科學地處理，並且以後杜絕這樣的情況呢？可以遵循三個原則：

原則❶：適當滿足，適當拒絕

在美國，實驗者做過這樣一個實驗：將實驗對象分成兩組，其中一組的父母從來不讓孩子吃糖，而另外一組父母則適當給孩子吃糖，但必須控制好量，並不是無節制。

後來實驗證明，被父母限制不能吃糖的孩子，一旦有機會吃糖，便會不停地吃，沒有節制。而另外一組適當吃糖的孩子則會很好地控制自己，吃了幾顆以後會自己停下。

實驗證明的結果即是，沒有得到滿足的孩子反而願望更強烈，不容易自治；而得到適當滿足的孩子則不那麼渴望，行為得當。

這個不難理解，當個人要求被滿足時，無論對誰來說，都是一件愉悅的事情。當孩子提出的要求並不過分時，父母不妨適當滿足孩子，這會讓孩子心情更好，更有安全感，便不會以哭鬧表達不滿的情緒了。

當然，面對孩子的哭鬧，父母不能什麼都順從，要分清是不是需要，哪怕是哭，不合理的需求也堅決不滿足；即便孩子哭得再厲害，也不能因為孩子哭鬧就滿足，一定要讓孩子知道，不是想要什麼就能得到什麼，哭和發脾氣並不能解決問題，否則下次遇到同樣的情況，他會哭鬧得更厲害，持續時間更長。

原則②：先說好，再說不

當然，這個適當的滿足也是有技巧的！一定要先跟孩子說好，再說不。先順應孩子的心理，答應他的小要求，等孩子心情或者狀態穩定了，再去商量要怎麼做。

對於不同年齡的孩子來說，當自己的需求得不到滿足時，他們的表達方式也會有所不同，不過哭鬧是孩子表達情緒的常用方式，而且越小的孩子越會如此，這是一種情緒的釋放。

因此，我們要先處理孩子的情緒，再處理具體的問題，因為只有孩子的情緒冷靜或者穩定下來了，才能更好地提出自己的要求。這樣做法的效果在於，孩子因為獲得了心理上的滿足，接下來就比較容易接受約束。

原則③：不制止，要疏導

當孩子哭鬧時，不少父母會著急制止孩子哭鬧、耍賴的行為，大喊著「別哭啦！」、「你別鬧了！」、「趕快給我起來！」孩子卻什麼也聽不進去，更不會照做。因為，你越說哭，就越刺激孩子哭。與其馬上採取行動，讓他覺得「使出這招我媽有反應了，管用」，進而變本加厲，不如就讓他哭兩聲。

在電視上的一檔親子節目裡，哥哥和妹妹之間發生了一點小摩擦。妹妹想要把凳子拿到其他地方，哥哥卻認為不能隨意搬動凳子，於是妹妹大哭起來，傷心地哭著說不想要原諒哥哥。

這時爸爸走了過來，他沒有去說服哭泣的女兒，而是嚴肅地說：「那你搬走啊！」妹妹見爸爸沒有幫助自己，繼續哭，而爸爸轉身做自己的事情去了。

妹妹哭了一會兒，終於平靜了下來，又跟著哥哥開始玩耍了。

這時，爸爸走過來，抱著女兒說：「你剛才有些小任性，爸爸有一點點失望。」講述完自己的感受之後，爸爸把兩個孩子的手互握在一起說：「有一天，我會放開手。但你們不能放，要抓穩。你們都是彼此重要的人，要互相原諒才行。」

轉移注意力，也是一種值得嘗試的方法，孩子往往是一碰到開心的事情，馬上會忘掉不高興的事情。帶他上街走一走、買點小東西吃一吃，打開電視看一看，就像平時那樣自然，然後等孩子安靜下來後，耐心向孩子解釋拒絕的理由，讓他明白「不行」的道理。雖然這種解釋孩子不一定聽得懂，但至少能讓他明白：父母拒絕他是有理由的，會哭的孩子不一定有奶吃。

從這樣的過程來看，如果你的孩子遇到問題時，總是喜歡用哭來解決問題，表達情緒，就說明你需要改進自己的教養方式了。

親子守護站

當孩子溝通在哭鬧或有情緒時，可以如何和孩子溝通？

比如，爸媽可以對孩子這麼說：「我有聽到你的要求，但是你現在的情緒好滿，又好大，讓我無法好好跟你討論，我答應你，等你冷靜下來後，我們再來討論怎麼做。」這樣不一口回絕，卻又提供討論的對話方式，或許可以增進孩子情緒平復與對話的機會。

適當「偏心」，才能製造平衡
——用關愛緩解孩子的憂慮

面對兩個孩子，要做到公平好難哦！

適當的偏心，才最公平！

狀況6 不同個性的孩子，採用不同的「偏心」方式

某個辦公室裡，兩位女同事正在為如何做好雙寶父母而爭論。

「做父母一定要公平，對孩子都一視同仁。」正在計畫生第二胎的A同事說。「想像都很美好，現實卻很殘酷。相對於公平，反而有時偏心會好些。」已是兩個孩子媽媽的B同事說。

「什麼？偏心？這是父母最不應該做的吧？」A同事不解地質疑。「以前我對兩個孩子非常公平，但經過兩個孩子的養育後，我發現如果要讓兩個孩子關係融洽，就要做個偏心的父母……」B同事說。

看到這裡，你是不是也很費解？「偏心」對父母來說，是一個非常貶義的詞彙，為什麼還有人提倡呢？不妨聽一聽這位媽媽接下來的敘述：「我家大寶今年九歲，是一個活潑聰明的男孩，學習成績一直優異，幾乎沒有讓我操過心。但七歲的女兒卻性格內向，而且動作有些慢，翻開她的作業一看，你會大吃一驚，經常出錯，有時連抄寫生字都會出錯，她也經常因此而苦惱，有時也會哭泣。按照正常的思維，我是不是更應該喜歡優秀的兒子？但我偏偏對女兒會更好一些，因為我知道，她比兒子更需要我的說明。她或者不是笨，很可能在學習這方面還沒有開竅，更需要我耐心地一步步去引導、督促、關愛。」

「當我意識到這點時，我會給女兒特殊照顧。」這位媽媽繼續說，「比如，兒子考試得到八十五分以上才獎勵，女兒只要考及格就可以了；兒子寫完了作業還要保證全對才行，而女兒只要及時改正錯誤的地方就行，我還不忘附上一句『這次進步了，加油』。就這樣，女兒也變得越來越優秀。」

專家這樣說

雙寶家庭中，大寶更需要爸媽的重視

人們常說，家有兩個小孩應該公平。的確，父母的愛應該是無私的、理性的、公平的，不能偏愛任何一個孩子，否則就有失公平。可是，兄弟姐妹之間的相處，並不是公平就能解決得了的。為什麼？因為兄弟姐妹之間是要講感情的，而感情又怎麼能用公平來衡量呢？

在很多時候，適當「偏心」，才能製造平衡。

「偏心」不好，但是一旦換另一個思維方式來理解「偏心」，即在合適的時間與地點，用在恰當的孩子身上，反而會催生出意想不到的教育效果。因此，為了兩個寶寶的健康成長，為了兩個寶寶的相處融洽，我們有時也需要做「偏心」父母。

過去許多父母有「忽視老大，重視老二」的傾向，近年來我們已經意識到，二寶的到來，對於已經習慣獲得父母全部愛的大寶來說，是一種天大的災難，因為無論如何他得到的愛都會被瓜分，於是我們開始把更多的關注放在大寶身上，但是之前大寶享受的是百分百的關注，即使你現在給予大寶九〇％的關注，他仍然會因為一〇％的缺失而失落。

面對大寶的不「通情達理」，我們很容易不滿：「弟弟妹妹比你小，比你更需要媽媽，我已經對你很好了，你怎麼還這樣？」這就是兩個孩子的父母最容易犯的錯誤——講「公平」、講「平均」。所有的關注、時間，都用「量」來一分為二。

其實，大寶在乎的不是父母公不公平，而是父母的愛是否和以前一樣。

所以父母可以適當表達對大寶的關愛，甚至給予大寶更多的關愛，及時緩解他的憂慮。

比如，每個月規定一天，這一天只帶大寶出去玩，讓他完全佔有你們。這一天，你千萬別提老二，甚至可以對他說「偏心」的話：「今天不用照顧妹妹，只跟你在一起，真是太好了！」這會讓大寶感覺爸媽並沒有被搶走，緩解心理上的各種不平衡，減少對二寶的攻擊性行為。

專家這樣說

對弱勢的孩子給予更多幫助

每一個孩子的性格不同，能力不同，資質不同，自控能力及個人覺悟都不同，對於這樣的情況，不能一味強調平等。

正如文章開頭的那位媽媽，媽媽把大部分時間和精力放在女兒身上，給予女兒特殊照顧，這並不是真的偏心女兒，而是女兒沒有兒子聰明，也可能是在學習這方面還沒有開竅，更重要的是她性格內向，在一定程度上更需要父母的關愛、督促、引導。

再比如，兩個孩子都摔倒了，如果大寶已是三歲以上的孩子，那麼可以鼓勵孩子自己站起來：「快站起來，把身上的土拍掉。」如果二寶剛學會走路或還不會走路，用同樣的話激勵二寶顯然不符合實際，我們應該抱起他並安慰，這種行為雖然看起來是對二寶「偏心」，但更符合實際，不是嗎？

專家這樣說

用最聰明無害的方式讓孩子釋然

當孩子抱怨「偏心」的時候，不少父母會矢口否認「我沒有偏心」，或是隨便找個理由敷衍過關，從而給孩子造成錯誤的認知，更加確定你是偏心的。反過來，如果我們接納孩子的情緒與感覺，耐心解釋所謂的「偏心」，讓孩子釋然，孩子之間和親子之間都會更親密，可以說這是最聰明無害的方式。

比如，當你指導二寶做作業時，記得告訴大寶，二寶年紀小，還沒辦法自己學習，更需要幫助。或者，你幫大寶買了一件新衣服，要記得跟二寶說，大寶要參加學校的一場特殊活動。這樣一來，孩子們會覺得，即便是「特殊優待」也還是公平的，心裡就踏實多了，往往會欣然接受自己被「冷落」。

當然，這種「偏心」的教育，如果能不漏痕跡地進行，儘量別讓孩子們看出來，就連你所欲偏心的孩子，也絲毫沒有察覺，才稱得上真正步入佳境。

5
chapter

發掘孩子的個性差異，因材施教

任何一個孩子都是不同於其他孩子的特別存在，有不同個性、不同想法和不同的思維、行事模式，這是他獨特的特點，而生命最可貴的就在於這種個性。

細心、客觀，對每個孩子的個性瞭若指掌

七隻小貓都長得一樣，要怎麼區分啊？
牠們的個性完全不一樣，仔細觀察就會發現囉！

狀況1 七隻小貓七種個性

齊絹非常喜歡貓，她養了一隻波斯貓。沒過幾年，波絲貓生下一窩七隻小貓。小貓出生後，每天找奶吃，彷彿上演一部生存大戲。

齊絹夜以繼日地看護她的愛貓和七隻貓寶寶，儼然一副好母親的派頭。「雖然每天照顧她們有些累，但我感覺太棒了，尤其是我發現了一個奧秘——每一隻小貓的個性都不同，有的小貓總是喵喵叫個不停，有的小貓則總是一聲不哼，安安靜靜；有的小貓吃奶速度非常快，看起來非常餓的樣子，有時候還會嗆奶，有的小貓吃奶則慢條斯理的；有的小貓總是沒完沒了地趴在貓

媽媽身邊吃奶，有的小貓吃兩口奶就跑著玩去了，讓人懷疑它到底吃飽沒。」

就這樣細細觀察了一個月後，齊絹把七隻小貓的個性特點都摸透了。

「要想養好這些小貓，就是要觀察它們的特點，然後按照各自的個性來養育。」

明明是在講人類養育子女的事情，我們怎麼談起養貓了呢？別急著懷疑，要知道這套理論完全可以套用到人類育兒上，而且絕對適合。

專家這樣說

要勇於承認差別的存在

一直以來，我們普遍認為每個嬰兒出生時就像一張白紙，都是完全相同的，長大後才會有各種不同的性格，是後天環境和父母養育方式塑造出來的。但相關研究表明，嬰兒在出生時已具有天生的特質，這些特色組成了每個嬰兒不同的個性，並將影響到其成長過程中的方方面面。

既然孩子可能會存在不同的個性差異，父母最好的應對就是細心、客觀地觀察每個孩子，對他們不同的個性瞭若指掌，因人制宜，因材施教，而不是一視同仁。

任何一個孩子都是不同於其他孩子的特別存在，有不同個性、不同想法和不同的思維、行事模式，這是他獨特的特點，而生命最可貴的就在於這種個性。

可惜，不少父母喜歡將大寶和二寶進行比較，或者讓一個孩子向另一個孩子學習，這樣做實際上是忽視了孩子之間的差異。讓孩子學習別人的優點固然重要，但是成長為一個有獨特個性的人則更重要。接受並承認孩子之間的差異吧，這樣才能使孩子的自信心增強，潛能發揮到最大，進而獲得成功和快樂。

「啊，老二和老大的個性還真不一樣，老大憨厚老實，比較聽話，而老二總是一言不和就哭鬧。他這麼愛哭，或許不是不如大寶乖，也不是沒有大寶懂事，而是想要的東西一定就要得到。」父母需要花時間去了解孩子究竟是什麼樣的人，並且學會接受現狀，才能減少一些犯錯的可能。

專家這樣說

包容孩子有各自的個性

孩子與孩子之間沒有完全相同的個性，每個人都有各自的特點。比如，有的孩子好勝、急躁，喜歡冒險和挑戰；有的謹慎、內向，膽小怕事；有的喜歡獨處，喜歡安靜；有的則喜歡人際交往，喜歡熱鬧的地方……。身為父母，我們能做的就是愛孩子本來的樣子，包容他們各自的個性。

不對孩子的個性橫加評判，因為你一時隨意貼個標籤，卻會塑造孩子一生的性格。

佑佑是一個四歲的小男孩，每當他玩玩具時，總是不願跟人打招呼。這時，媽媽就會說：「害羞什麼，快跟人問好，膽子大一點……」、「怎麼不說話呀，你不能這樣，沒禮貌……」還會再三跟別人解釋：「我兒子很內向、很膽小。」其實佑佑真的很內向、很膽小嗎？不是，他只有在玩耍時才不跟人說話，一是玩耍時他很專心，尚未學會及時地分散注意力；二是媽媽的再三要求讓他感到不適和緊張。

久而久之，佑佑真的變得內向膽小了，性格就這樣被塑造了。不跟人打招呼——內向、沒禮貌，學習不好——笨、不聰明，不好好坐著吃飯——沒規矩；……。

當我們把自己的認知當作事實，並為孩子貼上這樣或那樣的標籤，導致的結果就是，我們片面的評判給孩子施加了影響，讓孩子真的變成我們以為的那個樣子。

可現在我們知道，這個世界哪有什麼標準答案。

每個孩子都擁有無限可能，我們只有盡可能少給他們限制，給他們足夠大的生命框架，他們才能盡情地探索和成長。

據美國華盛頓大學的一項研究表明——觀察了解孩子的個性，比鼓勵他的好行為更加重要，這樣可以大大降低孩子未來感到焦慮和壓抑的風險。

兄弟姐妹絕對是性格迥異的，我們要看到孩子是自己之外的個體，一個有想法、有主見、有能力的個體，既要避免「老二要和老大一樣」，又要避免將兩個孩子互相比較。相信當你能用寬容平和的心態接受孩子的一切時，父母與孩子之間、大寶與二寶之間的關係都會更和睦。

先天個性不同，教育方式也要不同

兩個孩子個性不一樣，所以教法也會不太一樣。
為什麼呢？

狀況2 兩個性格天南地北的孩子，該怎麼教？

蕭芳是兩個小男孩的媽媽，大寶和二寶五官長得幾乎一模一樣，但性格卻大不一樣。

大寶相對來說喜歡追求完美，這也跟蕭芳的教育有關，因為蕭芳把大寶照顧得太精細了，而且一開始就對他寄予厚望。導致大寶對自己的要求很高，做事小心翼翼、一絲不苟，總是追求完美。比如，他寫作業時要求紙張特別乾淨，不能出現錯別字，不能有褶皺，如果有一點點不滿意，就會重新寫整篇作業，跑步沒得第一名不高興，考試如果得九十九分也要大哭一場……

而二寶的性格完全不同，可能因為家裡所有的人都照顧他、讓著他，他每一天都過得很開心。要完成一件事時，他會想很多辦法，一一嘗試，錯了就繼續換一種方式，而且從不害怕失敗。如果憑自己的力量搞不定，他會請求身邊的人幫忙，而且對於結果如何，他似乎並不太關心。

對此，蕭芳經常勸導大寶要學會接受失敗，告訴他不是所有的事情都要做到十全十美，讓他減少對自己的壓力和要求，但不是說基本的要求不要了，而是讓他學會給自己減壓。對於二寶，蕭芳則會強調要學會承擔責任。為此，她經常將一些簡單的家務事教給二寶，讓他承擔完成任務的壓力。

朋友們見到這種情況有些疑惑，便向蕭芳請教，蕭芳回答：「大寶平日做事小心謹慎，所以我要鼓勵他；二寶好勇過人，所以我要約束他。」對待自己的兩個孩子，蕭芳採用了完全不同的策略。

很明顯，蕭芳了解自己孩子的個性，並善於區別對待，這就是因材施教。

專家這樣說

「對症下藥」的教育方式

每個孩子的個性都有所不同，因材施教就是不向孩子提出完全統一的要求，而是從每一個孩子的實際情況出發，承認並考慮不同孩子的個別差異，以不同的途徑、措施和方法，進行教育。

先天個性不同，教育當然也不同。只有「對症下藥」，才能收到實效。

教育的目標就是尊重孩子的差異，讓所有孩子的個性、能力等得到充分發展。為此，父母可以參考以下原則：

原則❶：了解每個孩子的氣質特點

活潑好動、內向靦腆、理性沉著……，氣質是個體與生俱來的差異特徵，是人格發展的基礎，它使每個人的行為方式都帶有了獨特的色彩。

有的孩子比較活潑好動，還可能有些調皮，媽媽卻讓孩子「修身養性」，做一個安靜文靜的孩子。這些現象在家庭教育中屢見不鮮，這樣的父母就是在抹殺孩子的個性。這種抹殺天性的做法，不僅不利於孩子身心健康的發展，也不利於孩子與家人的情感建立，更不利於孩子實現自己的人生價值。

只有當父母了解了孩子的氣質特點時，才能充分尊重孩子的個體差異，避免對孩子橫向比較，以及按照成人期望去教育。

原則❷：了解孩子的心理年齡特徵

在心理活動和行為方面，幼兒期兒童更多會受到情境因素的支配，在自我意識方面變化較大，因此還不能形成真正穩定的個性。例如，二～三歲是幼兒發脾氣的高峰期，隨著年齡的增長，控制情緒的能力會增強。

再如，青春期的孩子會比較叛逆，這些只是出現特殊階段的特殊個性。父母不必擔憂害怕，總以過來人的身份，或是社會上的常規思想標準糾正孩子的思想和言行，而應該以積極、鼓勵、寬容的態度接受孩子，通過關心、幫助、交流，改善孩子的個性。

切記，人的個性是在先天基礎上，隨著後天的經歷不斷變化修整的，所以我們要以一種動態的眼光看待孩子，不要人為「設限」。

原則③：個性化要與社會化相協調

具有獨特個性的個體應該得到重視，尊重孩子的個性，就是尊重孩子的人格，就是培養孩子健康全面地成長。

但是，在遵循個性化教育原則的同時，我們也要重視社會發展所需要的共性心理特徵，如善良、勇敢、誠信等，孩子的個性想要與社會發展相協調一致，父母必須進行必要的引導。

但每個孩子都有自己的興趣愛好，在不同領域的能力也有所不同。比如，有些孩子可能對語言敏感，而有些孩子對音樂敏感；有些孩子記憶力很好，有些孩子觀察力比較強。但是有些父母不懂得這點，孩子明明五音不全，硬要孩子學習音樂。孩子活潑好動，卻要孩子學棋類，這是對孩子嚴重的傷害。

如果父母不了解自己的孩子，不知道自己孩子的天賦智慧，或者放不下自己的期待，不懂得順應孩子的興趣去引導，孩子活得痛苦，父母也犧牲感十足，大家都不開心。

專家這樣說

做一件事情之前，先讓孩子發自內心地喜歡

喜歡，是孩子做一件事情的內驅力。

在養育孩子的過程中，我們會遇到很多孩子不想做某件事情的情況。如果我們把重點放在糾正孩子的行為上，用各種懲罰、限制、責備、說教等方式，讓孩子按照大人的期待去做，結果就是進一步破壞孩子對這件事的興趣，同時破壞親子關係。

教育孩子的前提是要充分了解孩子，所以，父母在日常生活中要認真觀察分析孩子的興趣愛好，看孩子最喜歡什麼，在哪方面表現出特長。還可以通過啟發和誘導孩子，觀察孩子對哪類玩具或哪類事物有特別的愛好，鼓勵孩子去做喜歡的事情，讓孩子發自內心地喜歡這件事情，往往事半功倍。

專家這樣說

創造環境支持孩子的天賦發展

了解孩子的天賦很重要，但不等於孩子有喜歡的事情，我們父母就放任不管。畢竟孩子的經驗有限，資源也有限，沒有適合智力開發的環境和教育，他們再有強大的內驅力，也是比較難實施的。

是的，開發孩子的天賦，不是坐等奇蹟發生，而是要讓孩子接觸盡可能多的領域。無論是繪畫、音樂、文學還是體育，有機會就讓孩子去試一試。如晚

上聊天時，可以讓孩子敘述自己經歷的某件有趣的事情；家人過生日時，鼓勵孩子表演一個節目……當孩子有了這樣的表現機會時，他的能力就能慢慢地得到發揮，同時也就會對自己越來越有信心了。

請注意，六～十二歲是培養孩子興趣與特長的關鍵時期。這一時期孩子的性格已初具雛形，神經系統發育迅速，能適應和接受一些技巧、技能的訓練，並且具有一定的自治能力，還有較為充裕的學習時間。因此，抓住這個黃金時期讓孩子適當參加興趣班學習一些特長是完全可行的。

一個小男孩在院子裡玩耍，突然指著小草問媽媽：「媽媽，這些小草是從哪裡來的？」媽媽笑笑回答：「是從泥土裡生長出來的，世界上好多東西都是從泥土裡生長的。」

小男孩奇怪地看著媽媽，繼續問：「那小狗是不是也是從泥土裡長出來的？」「動物是不能從泥土生長的，」媽媽回答，「小狗是狗媽媽生的，你是媽媽生的。」「那最早的媽媽是誰？」「哦，應該是上帝。」「但是，上帝是誰生的？」小男孩繼續問道，一副打破砂鍋問到底的樣子。

媽媽搖搖頭，笑著說：「媽媽也不知道，世界上有很多未知的東西。等你長大了，就用知識去解開這些謎團吧，好不好？」男孩從此有了個願望：「長大後一定告訴大家好多好多人們不知道的東西。」

男孩長大了，成了享譽世界的偉大的生物學家。他就是達爾文。

如今，社會職業非常多樣化，而且沒有高低貴賤之分，每一份職業只要用心做，都是被尊敬的，孩子自己也快樂，為什麼不去支持呢？

每個孩子都有自己的天賦和愛好，每個孩子都是與眾不同的，而這種與眾不同本身並沒有優劣之分。所以，無論對待大寶還是二寶，讓我們放下自己的焦慮，順應孩子的天賦和喜好，給孩子創造合適的成長環境，引導孩子不斷地發揮與運用自身能力，相信他們都能成為大眾眼中的「天才」。

外向型孩子的優缺點及教養方法

天啊，孩子一天到晚橫衝直撞，精力就像用不完一樣！

我要玩這個，我要玩那個！

狀況3 精力用不完的外向型小孩

六歲的小希是一個活潑可愛的小男孩，他每天只要一醒來就停不下來，一會兒叫，一會兒笑，一會兒爬，一會兒跳，彷彿有用不完的精力。特別是在外面玩或客人來時更加活躍，跑跳一整天依舊元氣滿滿。

在幼稚園，小希非常外向大膽，總是積極回答老師的問題，互動時非常的主動，還總喜歡往小朋友多的地方擠，喜歡競爭，沒有耐性，時而發脾氣，時而愛和同齡的孩子打架，但大大咧咧，不記仇。

但是在家寫作業時，小希經常屁股坐不住，一會要去喝水，要不就去上廁所。作業還沒寫到三分之一，他就又打開了電視，找來零食開始邊吃邊寫……老師也反映小希上課小動作不斷，總是很容易走神。

專家這樣說

如何陪伴外向型的孩子？

在你的身邊一定有這樣一些外向型的孩子：他們性格開朗，思維活躍，不怯場，好說愛笑，自我表現欲和社交能力強。相信很多父母都希望自己的孩子是外向的孩子，但是外向孩子的父母也是有煩惱的，因為這類孩子有不少比例、可能顯得比較缺乏自控能力，不專注，坐不住，淘氣，難以管教，學習成績也會稍微差些。

對於這類孩子，只要父母進行針對性的教育，管理科學、合理、到位，持之以恆，就會有比較好的效果。

❶ 不妨將批評轉化為激勵

孩子活潑好動的話，父母別總是強調：「你怎麼就坐不住？坐不了幾分鐘就跑出去！」、「你怎麼就不能停一下，好好坐那兒學習呢？」……這些話會使孩子腦子裡形成「我就是坐不住」的意識和印象。其實，你需要多給孩子一些激勵，比如「你坐的時間比以前長了」、「你學習的時候真專注啊！」

在孩子的世界裡，激勵往往比批評奏效！

❷ 多為孩子提供一些運動用品

好動是孩子的天性，是兒童重要的特徵之一。很多外向型的孩子之所以精力充沛，坐不住，其中一個原因僅僅是——他們沒動夠！因此，父母可以多為孩子提供一些運動用品，如足球、籃球、滑板、沙袋、溜冰鞋等，這些體育運動用品不僅能激發孩子的運動熱情，還可以幫助他們消耗過多的精力。

❸ 用一個有規則環境來約束

外向型的孩子缺乏自制力，他們需要一個有規則環境來約束。比如，你可以要求孩子「半小時內，必須完成作業」、「今天必須完成這件事情，才可以玩玩具」，不可在他們一件事沒做完之前就去做另一件事，讓他們體驗規則的意義和運作方式，從而使外向孩子的自我控制、自我約束能力得到加強，而且善始善終。

當然，我們應給孩子設置一個合理的時間範圍，畢竟孩子的注意力是短暫的，如果持續時間太長，孩子就容易感到厭煩和不安。心理學的研究表明，注意力持續時間的長短與孩子的年齡有關，五～十歲孩子是二十分鐘，十～十二歲孩子是二十五分鐘，十二歲以上孩子是三十分鐘。

❹ 經常進行專注力的遊戲

外向的孩子好動、貪玩，為了有效訓練孩子的專注力、自控力，我們可以適當引入遊戲的方式。由於是遊戲，符合孩子的心理特點，非常受孩子歡迎。每天堅持玩一陣，孩子的專注性就會有所提高。

比如，將一些動物名字寫在不同的卡片上，父母發出口令，讓孩子用手指出口令要求的內容；讓孩子扮演「木頭人」，看誰能演的時間長。隨著孩子年齡增大，可以逐步教他拼圖、折紙、下棋、畫畫、釣魚、照相等遊戲，這些遊戲只要堅持去做，孩子的專注和自控能力就會提高。

⑤ 帶孩子「走出去」，順勢教育

外向型的孩子喜歡去新鮮的地方玩，所以我們可以為孩子提供「走出去」的機會，這會讓他們感到如魚得水。但外向型的孩子出去玩容易走馬觀花，只顧著新鮮興奮。我們可以藉此機會順勢教育，比如，參觀博物館前，可以找一些有關博物館的故事書或科普書，還可以給孩子設置一些觀察思考的題目，幫助孩子加深思考深度，增強自身的觀察力和分析力。

內向型孩子的優缺點及教養方法

要上台演講？我不敢………
孩子過度內向，表現都不如人，怎麼辦？

狀況4 不善於社交的內向型小孩

奇奇是一個內向、害羞的孩子，雖然她已經小學二年級了，但依然不敢參加團體活動。同學們唱歌，她不唱；同學們跳舞，她不跳，顯得很膽怯，很拘謹。

當看到活潑的大寶經常在學校參加演講、舞蹈比賽，媽媽感到欣慰之餘，便鼓勵奇奇也多嘗試上臺的機會。但每次奇奇都是滿臉通紅，閉口不說話，表現得扭扭捏捏，不大方，甚至還會從臺上跑下來，躲到媽媽身後。如果被媽媽逼急了，奇奇還會眼淚汪汪地望著媽媽，甚至回到家後大哭一場。

「孩子怎麼這麼內向？照這樣下去，她怎麼會有出色表現？」奇奇媽煩惱不已。

專家這樣說

內向型孩子的特質

如果一個孩子喜歡獨自玩耍，不喜歡和其他小朋友一起嬉鬧，會被稱作孤僻；如果一個孩子不愛表現自己，不能在親戚面前表現，會被當作怯懦；如果一個孩子特別害羞，一上臺就緊張結巴，會被說沒出息……。

父母對內向型孩子的擔憂，常常是因為一種共識：這是一個處處需要表現自己、合作交流的社會。外向的人充滿活力，樂於交際，自然各種機會也多一些，更容易獲得成功和幫助，而內向的人過於封閉，不善社交，這樣的人離成功自然很遠。

於是，努力要求孩子社交、想方設法說服孩子外出、讓親戚朋友多逗孩子說話、要求孩子參加學校的演講或者辯論賽等。

但是，這些努力往往收效甚微，甚至適得其反。

這是因為，內向型的孩子比一般的孩子更敏感。通常大人不必說，他們也會觀察到自己跟一些孩子有不同，意識到父母對自己的不滿意。如果父母認識不夠、責備要求過多，他們就會感覺自己有缺陷、不夠好，進而影響自信心，並且會帶著這些自我懷疑和困惑長大，錯過諸多的良機。

喜歡獨自玩耍、不愛表現自己、特別害羞，這些都是內向性格的特徵，但並不等同於懦弱、無能、不合群。前面我們已經提及，個性沒有優劣之分，內向的孩子雖然訥口拙言，不善交際，但他們更喜歡觀察，有很強的專注力，並且對他人的情緒有良好的感知能力，這都是非常大的優勢。

專家這樣說

如何陪伴內向型的孩子？

內向型孩子並不是壞孩子，父母沒有必要過於擔心，甚至指責孩子的「無能」。父母更需要的是接納，儘量去包容，溫和地引導，發揮他們思維較深刻的優勢。他們對內心世界更感興趣，更安靜，喜歡自省和思考，父母要引導他們，將充沛的內在能量利用在有利成長的方面。

比如，敏感是內向型孩子的優勢，因為他們的敏感，他們能更加深切地感知到周圍一切事物的變化。為此，我們可以引導他們去觀察不同的現象，去發現各種問題和變化。觀察力強的孩子，智力水準明顯高於觀察力弱的。

再比如，和外向型的孩子相比，內向型孩子不喜歡別人闖入和干擾自己，他們注意力集中，更熱衷思考。我們不妨讓他們有獨處的時間，在特定的環境、事務中學習，藉此引導他們專心致志、一絲不苟的做事態度，讓他們更具有耐心和責任感，釋放出獨具智慧的思考力。

當然，如果能幫孩子減少社交上的障礙，對孩子的成長也大有益處。

❶ 越早自理越不怕生

如果孩子內向害羞，爸媽也可以想想，平時是不是給了孩子太多的保護？過多的保護和代勞可能會束縛住孩子的手腳，孩子未受到生活的磨煉，很難有機會獨立處理問題，容易逐漸導致自我保護能力低下，形成內向和孤僻的性格，擁有害羞和怕生的傾向。

孩子到了三歲以後，我們就可以開始培養他的自理能力。從一開始自己睡覺，到自己上廁所，自己刷牙洗臉，自己穿衣服，自己吃飯，自己收拾玩具等。等上了小學以後，我們要教孩子自己寫作業，自己整理書包，自己制訂學習計畫表，適當做一些力所能及的家事等。

當孩子具備了較強的自理能力之後，他們的獨立性會更強，思維更活躍，心態更開放，也能較好地適應不同的環境。

❷ 為孩子提供人際的交往機會

人際交往離不開溝通，內向型的孩子雖然話少，但表達能力不一定差，只是有些害羞，或者膽子小。當孩子不愛多說話，不喜歡與小朋友一起玩耍時，我們盡可能地為孩子提供與人交往的機會，其間多幫助和引導，讓他們意識到多說話可以交到好多朋友，那麼他們也是會樂於表達的。

比如，我們可以請鄰居的朋友來家裡玩，讓孩子自己接待客人，為客人送茶水、糖果，搬椅子等，當孩子嘗到當小主人的滋味後，不知不覺中就增強了自信心。

帶著孩子去走親訪友，參加一些歡樂的聚會，跟遇到的小朋友、長輩們簡單地聊幾句；帶孩子上街買東西時，讓孩子自己告訴售貨員買什麼東西，並主動向營業員道謝，告別等。

❸ 不失時機地進行鼓勵

每個孩子都希望獲得他人的肯定和讚揚，內向型的孩子更是如此，而且他們需要的表揚應該是溫和的、自然的。因此，父母應當抓住孩子日常生活中的點點滴滴，不失時機地進行鼓勵。

比如，當孩子與一個不太熟悉的孩子玩完之後，我們可以送上讚美之辭：「你和那個小朋友玩得真好，他的媽媽在一旁一直誇你！」

當孩子在課堂上開始發言時，你也可以充分利用這難得的機會：「你今天的表現非常好，老師也打電話誇獎你了，媽媽為你感到驕傲！」孩子對某件事情提出自己的見解時，要趁機讚許孩子一番：「你說得不錯，我覺得你做的很棒。」

❹ 培養孩子勇敢的精神

玩是孩子的天性，害羞的孩子也愛玩，不過，更喜歡玩一些沒有傷害性的安靜的遊戲。

為此，父母可以鼓勵孩子玩沙子、抓蟲子、搶皮球等「危險」遊戲；經常講一些有關勇敢的故事；多帶孩子接觸外界、接觸大自然等，以實踐來教育他的勇氣；當孩子遇到困難時，鼓勵孩子大膽做事，自己去戰勝困難。慢慢地，孩子就會變得有自信、有膽識。

⑤ 教給孩子必要的社交方法

內向型的孩子並非不喜歡社交，有時他們只是不知道如何表達自己的感受和想法，因此我們要教給孩子一些與人溝通的方法，一些既能表達自己的觀念，又不會傷害到對方的說話方法。當孩子在人際交往中可以表達自己，可以保護自己，又能處理得體時，他就會越來越願意去做了。

如果說外向型的孩子像閃閃發光的太陽，那麼內向型的孩子就是靜謐柔和的月亮。他們都是降臨人間的小天使，我們要做的就是照顧好他，尊重他的性格，讓孩子自信活出自己想成為的樣子！

衝動型孩子的優缺點及教養方法

孩子無法克制自己，動不動就發脾氣怎麼辦？
為什麼媽媽都不理解我想要表達的是什麼？

狀況5 較缺乏自制能力的衝動型小孩

文靜一直想有一個女兒，生下老大兒子之後，過了兩年時間，終於如願以償。

但令文靜頭疼的是，不是所有人都能保證生出來的一定是個「小甜心」，比如他們家煥煥，性子有些急，暴躁易怒，做事沒有耐心，慌慌張張，當自己的想法沒有得到滿足時就會亂發脾氣，經常把哥哥惹得鼻涕眼淚直流。有時候，文靜會委婉地批評煥煥幾句，煥煥居然鼓著嘴巴和她頂嘴。

對於煥煥，文靜又愛又恨，有時候甚至忍不住想打她，有時又覺得對待女孩應該溫柔。文靜有些無奈地說：「以前覺得生女兒是特別幸福的事，但為什麼我們家煥煥脾氣這麼躁，一點小的刺激就可以使她大發雷霆，真是一個嗆人的小辣椒。唉……我到底應該如何教育才好？」

專家這樣說

衝動型孩子的特質

像煥煥這樣的性格表現就是衝動型的孩子，往往表現為脾氣一點就著，表現出狂躁不安的情緒，缺乏自制自控能力，尤其在手足或者人際關係中出現衝突時，會做出更強烈、更衝動的反應。很多父母對此困惑，對於孩子的火氣大摸不著頭腦，往往除了責備壓制外，也顯得束手無策。

許多父母沒有意識到，孩子看似衝動的行為背後，絕不是一些簡單的情緒原因，而是有著深層的心理原因。

孩子會衝動，往往來源於年齡小、閱歷淺，缺乏認知和判斷。出於自我保護的目的，孩子就會選擇用快點表達、快點反駁、著急冒進的言行去解決問題，這是一種本能的趨利避害。

同時，這也可能與孩子的成長環境和教育方式有關。有些父母從小溺愛孩子，或者因為無知，對孩子的心理和行為不予重視，漠不關心，有些父母甚至因為擔心孩子在社會上會吃虧，教唆孩子通過暴力和自私的行為來佔有資源，那麼孩子就會養成衝動、以自我為中心的性格，稍遇不如意就容易被激怒。

父母是孩子的第一位老師，孩子最初的行為都是從模仿父母開始的，如果父母脾氣暴躁，常常衝動做事，孩子便會不自覺地對這種行為模式加以效仿。如果父母情緒容易衝動，習慣用壓制、指責、訓斥的方式對待孩子，孩子的性格中就更容易出現情緒控制困難的問題。

衝動的好處是可以快速宣洩自己的情緒，表達自己的觀點。大量研究發現，衝動型的孩子在學習時不怕犯錯、不怕尷尬、敢於開口提問、學習效率非常高。但我們也要注意到，衝動帶來的壞處也不少，例如，給人際關係帶來障礙，容易給別人造成傷害等。

專家這樣說

如何陪伴衝動型的孩子？

面對衝動型的孩子，我們父母應該如何進行有效教育呢？具體來說，可以從以下幾方面入手：

❶ 給予理解，先讓孩子安靜下來

衝動型的孩子往往很淘氣，因此常常會受到更多批評。其實，所謂的「錯誤」，是因為他們行動前欠考慮，這是他們的生理特點。當孩子情緒處於衝動、暴躁的狀態時，對他人的意見會本能地產生一種抵觸。你越制止，越講大理道，孩子越憤怒和激動，並與父母完全對立起來。

所以，對於衝動型的孩子，父母要給予理解，先讓孩子安靜下來。你可以用簡化的語言，站在孩子的立場，平靜地和孩子說話。也可以利用靠近孩子、抱抱他等身體上的親密接觸，來達到安慰孩子情緒的效果。或者找出平時收藏的玩具讓他玩一玩，設法轉移他的注意力，幫助孩子從不良情緒中解脫出來。

❷ 多多運動，宣洩過剩的精力

一般來說，衝動型的孩子有著過剩的情緒和精力，需要釋放和宣洩。在這一方面，運動是一種很好的方法。

比如，帶孩子去公園玩的時候，讓他幫弟弟推車；從超市出來，讓孩子幫忙提東西；讓孩子發展一些有氧運動方面的愛好，像是跑步、登山等；每天規定一段時間專門從事某項體育運動等等。對於年齡較小的孩子，跑步是首選方式，慢跑基本適合四歲以上的健康兒童。

當然，具體的訓練時間和強度，得根據孩子的體質情況設定。使孩子過度興奮或過度疲勞，對孩子提出的要求超出其實際水準，這些都會誘發孩子衝動行事。

❸ 後果警示，讓孩子做出判斷和選擇

對衝動型的孩子，需要給他們清晰的規則和不好行為的後果警示。

亂發脾氣的時候，不守規則的時候，不論在家還是在幼稚園、商場，讓衝

動的孩子短暫隔離喜歡的玩具、朋友、家人……時間控制在二～五分鐘，也可以延長一～二分鐘，讓孩子知道發脾氣會有什麼後果。把衝動帶來的後果一一展現，讓孩子做出判斷和選擇，知道這是不好的，慢慢地就會改正。

請記住，易衝動的孩子需要不斷在後果中錘煉，最終才能學會控制情緒。

④解決辦法，多從正面引導最重要

孩子的衝動，大部分源自認知、判斷尚未成熟。為此，我們應該花些時間教孩子用正確的方式來表達自己的憤怒和脾氣。

比如，❶把心裡的憤怒寫下來、畫下來，然後撕掉；❷遇到問題或衝突時，和對方嘗試用商量的方法解決，選擇最令人滿意的方案；❸不確定自己的做法是否正確時，建議先在腦子裡「演電影」，預演一下可能會發生什麼事情，它會幫你看到未來要發生的事情。

教給孩子有效的方法比責備更有用，對自己、對他人的影響和傷害都更小。當孩子表現出控制情緒的能力時，父母要多從正面引導，及時有針對性地進行表揚。比如，上次他發脾氣時摔東西，而這次雖然他也發了脾氣，但卻沒有摔東西，就應該表揚他一下，這樣下次他的態度會更好一些。

冷靜型孩子的優缺點及教養方法

一天到晚慢吞吞，
將來怎麼成大器？

媽媽，我雖
然動作慢，
但是我很認
真呀！

狀況6 喜歡事先思考計畫的冷靜型小孩

對於琳琳來說，看兩歲的女兒吃飯就是一種「煎熬」，每次女兒吃飯都是慢慢吞吞的，小湯匙舀飯，舉起來，到嘴裡，往往需要花上幾分鐘，還不時地轉動著湯匙，研究怎樣可以舀更多的飯。琳琳在一邊總是按捺不住地著急，先是不停地催促「快點快點」，如果催促不管用，就乾脆搶過湯匙餵起飯來，結果惹得女兒總是一頓大哭。

每次陪同兒子寫作業，曉萍都很憤怒。寫作業時，五歲的兒子總是不急不徐地打開書包，鋪好書本，還要用手指一個字一個字點著閱讀。人家一個小時寫完，他寫兩個小時。曉萍是一個乾脆迅速的人，一看兒子那樣就氣得火冒三丈，「快點寫」催促兒子兩遍，見兒子不為所動，頓時河東獅吼：「寫一個作業，你怎麼這麼慢，簡直笨死了。」於是每天寫作業都像打仗一樣。

這樣催促乃至代勞的場景，相信大多數父母都不陌生吧？

專家這樣說

冷靜型孩子的特質

如今，許多父母對孩子的口頭禪就是「快點起床」、「快點吃飯」、「快點做作業」、「快點彈琴」、「快點睡覺」，甚至「快點玩」。看到孩子做事情慢慢吞吞時，不少父母就會按捺不住發火，甚至懷疑孩子是不是有智力問題。

其實沒有必要，有些孩子天生就是冷靜型的。

冷靜型的孩子是很容易辨別的，其中最明顯的一個特徵是慢，做什麼事情都是一副慢吞吞、不忙不慌的樣子。他們為什麼會有這樣的表現？和衝動型的孩子正好相反，冷靜型的孩子性格往往內向，只是較少表達自己感情，不喜歡衝突，處事謹慎，性子較慢，思考力極強，他們喜歡事先思考和計畫，會把事情前前後後考慮清楚，再按照自己的想法去行動。

這類孩子看起來比較死板沉悶，卻往往能很好地完成自己的任務。比如，他們做作業會比較慢，會非常冷靜、非常耐心地設法理解題目，甚至考慮好最佳方法再下筆作答，準確率更高；他們的閱讀速度不快，但非常仔細，一點小小的細節都會留意到，可以在一團亂麻中一點一點地想，一點一點地看，一點一點地找，如此思路更全面，更清晰，屬於「不鳴則已一鳴驚人」的類型。

冷靜型的孩子天生就趨向抑制自己的行為，自律性更強，所以在生活中一般沒有什麼問題，除非遇到急性子的父母。「你怎麼這麼慢，一定要加快速度。」、「別人學什麼都那麼快，為什麼偏偏你這麼慢。」……被父母如此埋怨，催著趕著，孩子不能按照內在的節奏去做，勢必會增加他內心的焦慮，更容易生出羞愧、內疚、自責等情緒，進而對他學習和成長起到反作用。

所以，家有冷靜型的孩子，重要的是父母要接受孩子的慢是天性所致，不要太過急躁，不要老催他趕他。

當然，有些孩子對時間概念比較模糊，導致做事比較磨蹭。為此，父母也可以適當地採用一些措施，具體問題進行具體分析，根據不同情況對症下藥，才能真正讓孩子「快」起來。

如何陪伴冷靜型的孩子？

❶ 培養孩子把握時間的能力

冷靜型的孩子做事慢，有時與沒有時間觀念有關。為此，我們可以對孩子的日常生活，提出一定的時間要求，培養孩子把握時間的能力。

比如，幫孩子設計一張生活日程表，把每天需要做的事情加進去，在日程表的約束下，引導孩子加快做事的速度。

給孩子一定量的口頭練習，根據他的能力規定一個完成時間，讓他在這個時間段內完成；也可以在孩子房間掛上「今日事今日畢」的標語，讓他在潛意識裡提醒自己「立即行動」。

❷ 讓孩子為自己的慢付出代價

如果再三提醒孩子後，他依然在那裡摸來摸去，不妨任由他去。因為做事情慢而引起不好的後果，就讓孩子自己承擔，為此付出代價，這樣才能讓他自己願意去調整節奏，自覺地加快速度。

小猛是一個冷靜型的孩子，從小就做事比較慢，尤其是寫作業總是比較慢。雖然作業完成的品質很好，平時成績也不錯，但一到正式考試時總是因為時間不夠用而考不出好成績。發現兒子的這一問題後，小猛媽媽一開始不停催促，但孩子一兩天後還會恢復原樣。所以她琢磨一定要給孩子下一劑「狠藥」。

這天晚上，小猛照樣在自己房間慢吞吞寫作業，媽媽沒有像往常一樣催促他，而是告訴他以後的作業就像考試一樣，五十分鐘後準時提交作業。五十分鐘後，媽媽準時走進來，要把作業收起來了，小猛才意識到自己沒有完成作業呢。結果，第二天在學校受到了老師的責備。從那以後，小猛再也不要媽媽催促著寫作業了，他的行動快了許多，也能看著時間及時完成作業了。

如果孩子年齡尚幼，不到萬不得已，不建議使用這一招。

③ 用鼓勵和獎賞來「催」孩子

冷靜型的孩子雖然情緒不易受外界影響，但他們畢竟是孩子，和其他孩子一樣渴望父母的承認或認同。要想讓孩子變快一些，父母改變對孩子的評價是必須的，隨時觀察孩子的表現，對他做得快的事情立即表揚。

比如，你可以發起比賽，巧妙地使用「和大人比快慢」或「和時鐘賽跑」的方法激勵孩子：「你可以在我數到十之前把玩具收好嗎？」當孩子做事速度比以前加快時，對孩子說：「真好，你現在比過去有進步了，如果你再快一點就更棒了。」

也可以用計時完成某一件事情，當孩子達到了要求時就給予一定的獎勵，比方，預先告知孩子如果孩子達到要求就可以兌換某些獎勵，獎勵的內容盡量以和家人出遊或遊玩的形式為主。若非不必要，物質上的獎勵不是主要的首選。

用鼓勵和獎賞來「催」孩子做事，可以使孩子意識到自己的進步，並因此產生自豪感，增強自信心，進而能夠積極主動地「快起來」，收到良好的效果。

總之，冷靜型的孩子做事小心謹慎，思維能力強。針對這樣的孩子，父母養育的重點就在於給孩子提供訓練，而不是說教。接納孩子個性裡的慢節奏，同時給予他們必要的引導。

男孩女孩真的大不同？——性別帶來的生理差異

弟弟數學跟爸爸一樣好，但我的數學就是這麼爛，我一定不是爸媽親生的…
每個人都有自己的特質和優點，不需要跟他人比較。

狀況7 男生數學就是比女生好？

欣欣今年上一年級了，這天她拿著七十四分的數學試卷垂頭喪氣地回家。一打開家門，就聽到爸爸在考五歲的弟弟數學計算。「浩浩真厲害，居然能算對一百以內的加減法。」爸爸笑著誇獎弟弟。浩浩得意地說：「爸爸，我還會背九九乘法了呢，不信你考考我。」爸爸抽了好幾個題目考浩浩，而且還故意顛倒了數字位置，比如將五乘以七說成了七乘以五，結果浩浩都答對了。

欣欣低頭看著自己的數學試卷，上面也有考九九乘法，但有好幾個她都做錯了。想到弟弟那麼聰明，自己那麼笨，欣欣不禁哭了起來。她對爸爸說：

「爸爸，其實我不是你和媽媽的孩子，對不對？」

正在做飯的媽媽聽到欣欣的哭訴後，嚇得手裡的鍋鏟差點沒拿穩。欣欣可是自己辛辛苦苦懷胎十月生出來的，也是自己親眼看著一天天長大的，她怎麼會懷疑自己不是爸爸媽媽的孩子呢？於是就問欣欣為什麼這麼想。

欣欣說：「弟弟這麼小，就已經會很多數學，我都已經上一年級了，還沒有弟弟強。他那麼聰明，我這麼笨，一看就不是親姐弟。」這個回答讓爸媽忍俊不禁。爸爸開導欣欣說：「弟弟只是對數學敏感，但他在語言方面遠遠不如你小時候。因為你五歲的時候可以背許多古詩了，而你弟弟能背出來的古詩屈指可數。」

「爸爸說得對，你和弟弟各有所長，你們兩個都很聰明。」媽媽也鼓勵欣欣。

專家這樣說

不同性別可能造成的差異

隨著孩子漸漸成長，父母會明顯感受到男孩和女孩之間有很大的差異。造成差異的原因，有一小部分是後天環境的影響，但很大一部分原因是先天造成的，這主要體現在男孩與女孩大腦結構和形態上的不同。

相對應的，大腦有差異，給男孩和女孩帶來的影響也不少：

❶ 男孩的精力和體力比女孩旺盛

科學表明，人的體力和精力，與大腦中的脊髓液息息相關。男孩腦中的脊髓液從小就比女孩多，這使得男孩的精力和體力從小就比女孩出色。家中有男孩和女孩的父母會明顯發現，女孩嬰兒時期能快速進入「吃睡睡」的模式，而男孩嬰兒時期的睡眠比女孩少，並且比女孩愛哭，彷彿有使不完的精力。等孩子稍微長大一點後，又會發現女孩能安靜耐心地玩很長一段時間，而男孩一刻都坐不住。當然，這其中也有例外。

❷ 女孩比男孩更敏感

人體大腦中有一種名叫胼胝體的腦組織，這種腦組織控制著人的情緒，而相同年齡段的女孩其胼胝體明顯大於男孩，這就使女孩比男孩更敏感。

只要父母留心觀察，就會發現女孩更敢於表達自己的感情，從小就會說「我愛你，媽媽」、「我愛你，爸爸」、「媽媽，你不要生氣」、「爸爸，你真帥」之類感性的話；而男孩往往比女孩遲幾歲才能說出這樣的話。此外，在用詞彙表達情感時，女孩能用精准的詞彙表達自己的情感，而男孩常常用錯詞，比如男孩想要表達自己生氣了，他會說出「我恨你」、「討厭你」這樣的話，也就是說，他的表達和內心情感完全不在一條線上。

❸ 男孩的空間能力強，女孩的語言表達能力強

男孩大腦中負責空間感知能力的腦組織比女孩發育得好，這就使男孩在立體思維上比女孩優秀，這表現在比女孩擅長學習數學、幾何。

女孩大腦中控制語言區域的腦組織發育較早，這就使女孩的語言能力比男孩強，在背誦文章和閱讀表達上比男孩佔優勢。

❹ 男孩的自制力比女孩弱

很多父母都有一個認知誤區，那就是總認為男孩比女孩堅強，但就大腦而言，男孩的大腦額葉比女孩發育緩慢，這就導致他們的自我控制能力沒有女孩強，對外界事物的反應比女孩激烈。所以，家中有兒有女的父母，不能將耐心和溫柔全都放在女孩身上，也要拿出一部分放在男孩身上，讓男孩的身心能健康發展。

除此之外，大腦間的差異還使男孩的觸覺比女孩敏銳，女孩的直覺比男孩敏感；男孩做一件事可以專心致志，女孩做事時能一心多用……

家中有兩寶，孩子會不自覺地去對比，敏感的他們會發現自己與弟妹的不同，父母要留心觀察孩子的表現和心理，避免孩子因這樣的差異變得自卑和內向，要多誇獎孩子各自的優點與長處，讓他們能健康成長。

6 chapter

用安心、放心，陪伴孩子長大

父母放手的時候，也要做到放心，來自父母的信任更能激起孩子的責任心，而且還可以增強孩子的自尊心和自信心。

無休止的嘮叨，只會讓兩個孩子都煩

講過的話又一直重覆嘮叨，超囉嗦的！
我是擔心孩子才會一直叮嚀他們，小孩子哪懂父母的苦心。

狀況1 過多的擔心讓孩子感到不耐煩

自從有了二寶小毛之後，琳琳媽媽感覺壓力越來越大，既怕冷落了琳琳，又擔心疏忽了小毛，恨不得把一分鐘當成兩分鐘來用，希望大寶二寶都能兼顧。

其實琳琳已經上初二了，完全可以照顧自己，但媽媽還是不管什麼事都不放心，每天上學前都要不斷叮囑：「路上小心，注意紅綠燈。」、「放學了趕緊回來。」、「不要在路上亂吃東西，外面賣的東西不乾淨。」……

每天放學回來了，媽媽又要不停地「關心」：「今天學校怎麼樣？老師講的內容聽不聽得懂？和同學沒有什麼摩擦吧？」、「中午吃什麼呀？」、「我看晴晴媽幫她請了家教，要不要週末給你請個家教？」……

聽著媽媽喋喋不休的嘮叨，琳琳無奈地翻了個大白眼，本來以為有了弟弟小毛，可以分散媽媽的注意力，自己就不必每天忍受「魔音穿耳」了，哪知道現在媽媽更是變本加厲了，沒一刻清淨……。

弟弟小毛心裡其實也很苦，他都已經是幼稚園的小男子漢了，但媽媽每天送他去上幼稚園的路上都要不厭其煩地一遍遍囑咐：「中午不要挑食。」、「不許搶小朋友的玩具。」、「如果有小朋友欺負你就告訴老師。」、「不許喝冰水，你這幾天肚子不舒服。」……

小毛最大的心願就是，能趕快像姐姐一樣上初中，這樣就能自己去上學，就不用每天聽媽媽不停不停地囑咐了……。

琳琳媽媽的做法，相信很多父母都能理解。

專家這樣說

給予孩子一定程度的自由

當家裡迎來第二個新成員之後，本來就緊張的時間就更不夠用了，既要分出時間照顧二寶，又要擔心不小心忽略大寶，讓大寶心裡難受。於是，媽媽們把更多的關愛傾注在孩子身上，希望讓孩子們知道，媽媽愛你們，媽媽很關心你們，媽媽不會冷落你們——結果，大寶、二寶都煩了。

一家教育機構曾做過一項調查，內容是孩子對父母最大的不滿是什麼，結果，有五〇%的孩子都投票給了「父母的嘮叨」。嘮叨這事確實可怕，哪怕這種嘮叨是源於父母對孩子的關心與愛護。

很多父母可能會說：我給了孩子足夠的自由，我從不阻攔他們做自己想做的事，我也從不會去偷偷翻看他們的小秘密，我只是適當地關心、詢問一下他們的情況，叮囑他們一些事情——結果，不知不覺，這種「適當」地關心、詢問、叮囑，就變成讓孩子們避之不及的嘮叨。

對孩子們來說，父母的嘮叨又何嘗不是另一種形式的「籠子」呢？

孩子需要的自由，不僅僅是身體行動上的自由，更多的是一種精神方面的自由，他們需要父母信任他們，尊重他們。

對於父母來說，嘮叨是出於對孩子的愛，可在孩子看來，父母的嘮叨卻是對他們的不信任，不信任他們可以照顧好自己，不信任他們有能力去處理自己的人際關係，不信任他們會乖乖的絕不闖禍——因為不信任，所以才一遍遍重複，一遍遍叮囑，一遍遍警告！

專家這樣說

練習信任孩子

美國杜克大學的心理學專家坦婭・莎特朗曾做過一項關於孩子衛生問題的調查研究，結果發現，如果父母總是對孩子的衛生問題喋喋不休，嘮叨不停，孩子反而很可能會故意反其道而行，讓自己的衛生問題更加糟糕。

由此可見，父母的喋喋不休只會讓孩子們越來越厭煩。所以，別再對孩子嘮叨了，爸媽可以嘗試給予孩子一些信任：

❶ 及時打住，叮囑也得有個限度

隨著年齡的增長，孩子獨立自主的意識會越來越強，而父母也該開始調整對孩子的管理和約束。尤其是在叮囑孩子事情的時候，一定要有限度，不能沒完沒了說個不停，更不要事無巨細，什麼都要管到。

很多時候，孩子遠比我們所以為的更加聰明，也更加成熟，點到即止的提醒，遠比事無巨細的嘮叨更容易讓孩子接受。

❷ 用平等的態度和孩子交流

很多孩子之所以反感與父母進行交流，最關鍵的一個原因就在於，父母們總是喜歡擺出一副「過來人」的樣子，高高在上地告訴孩子，什麼該做，什麼不該做。如此，再有用的話，在孩子聽來也是厭煩的。

每個人都希望自己受到尊重，大人如此，孩子也一樣。所以，在和孩子溝通的時候，父母一定要端正自己的態度，把自己放在和孩子對等的位置進行交流，而不是在一邊高高在上地「指點江山」。只有這樣，孩子才能真正聽進你的話，也才會願意和你交流。

❸ 停止嘮叨，給孩子實際的建議

很多父母習慣根據自己的想法和節奏來教育孩子，把自己認為重要的、必要的東西一遍遍向孩子強調，卻根本不管孩子需不需要。事實上，相比孩子根本聽不進去的嘮叨，父母還不如給孩子幾點實際的建議對他的幫助更大。

比如，當孩子為某作業題苦惱的時候，父母可以幫助他找點思路；當孩子不知道該如何處理人際關係的時候，父母可以有針對性地提幾點建議。

一定要記得，停止嘮叨，別用喋喋不休把孩子禁錮在可怕的牢籠中。

成熟的父母，從不和孩子「較勁」

大寶，你怎麼能這樣跟弟弟講話？

我都是跟爸爸學的……

狀況2 「我是哥哥，所以弟弟要聽我的！」

下午，爸爸媽媽剛下班回家，就看到大寶強強在欺負二寶鬧鬧。

強強叉著腰，指著散落了一地的飛行棋，惡狠狠地對弟弟說：「趕緊收拾好！看你以後還敢不敢不聽哥哥的話！」

看著強強一副「小霸王」的樣子，媽媽有些回不過神來，平時強強和鬧鬧關係非常好，強強一直都很照顧弟弟，從沒見過他這麼不假辭色的樣子。莫非是鬧鬧調皮搗蛋闖了禍？

但看到坐在地上的鬧鬧一臉委屈，媽媽又有些不確定，走過去問兄弟倆：

「發生什麼事了？怎麼把棋子弄得一地都是？」鬧鬧委屈地偷看了兇神惡煞的哥哥一眼，才吞吞吐吐地說：「哥哥……和我下棋，輸了，不高興……罵我，還把棋子都丟了……」說著眼睛一紅，眼淚就掉了下來。

原來強強和鬧鬧玩飛行棋，玩到一半，眼看快要輸了強強不高興，強行更改遊戲規則，鬧鬧不同意，哥倆就鬧起來了，最後強強一怒之下把棋子都摔了，還訓斥了弟弟一通。媽媽覺得錯在強強，沒想到強強卻倔強地忿忿不平地嚷道：「我沒錯！我是哥哥，他是弟弟，他就得聽我的！這是爸爸說的！」

聽到這，媽媽和爸爸都愣住了，爸爸也一臉迷茫：「我什麼時候教你這種歪理了？」強強大聲說：「前天晚上爸爸就是這麼說的！」

原來，前天晚上強強和爸爸爆發了一場爭吵，導火線是強強和爸爸說好週末要和朋友一起出去玩，爸爸沒多想就答應了，但強強沒告訴爸爸，他們是約了晚上要出去。平時為了孩子的安全，爸媽晚上都不會讓兩個孩子出門，爸爸知道強強之前是故意沒說時間，想要混淆視聽，耍了個小聰明，憤怒之餘就不許強強出門。

強強偏偏不聽，父子倆就這樣吵起來了。吵到後來，爸爸更是直接搬出身份來壓人。「你居然都敢跟老子吵了，簡直不像話，有這麼不聽話的兒子嗎？我說了今天不許去，就不許去，誰來說都一樣！你是兒子，就得聽我的！今天你哪裡都不准去。」

這回倒好，不僅沒讓強強認錯，還讓他有樣學樣，擺出身份去欺負弟弟。

專家這樣說

和孩子對立時可以怎麼做

父母不講道理，擺出身份來強迫孩子，這種做法是非常不好的。當孩子認定父母不講道理，只會用身份來壓制自己的時候，再想在孩子面前樹立威信就很難了。

從生理方面來說，孩子的身體和心智都還沒有發育成熟，他們對這個世界的了解也還有許多不足，出於探索階段的孩子有著強烈的好奇心和探索欲，自我控制能力也往往比較差。而從心理方面來說，孩子閱歷較淺，涉世未深，在為人處世方面也沒有什麼經驗，甚至可能還沒有學會如何控制並調節自己的情緒。

但父母卻不同，無論是從生理還是心理方面，父母顯然都要比孩子成熟得多。所以，當孩子因為不夠成熟而闖禍，或因為其他的一些原因而不聽話，和父母「拗」的時候，父母應該做的，是耐心引導孩子，讓孩子明白自己錯在哪裡，而不是也幼稚地去和孩子「較勁」，惱羞成怒之後就乾脆用身份壓人。

父母應當明白，和孩子「較勁」是起不到任何教育效果的。你要想教導孩子，讓孩子聽話，就一定得學會戒「強」，不要因為一時的不忿就總和孩子「較勁」。而要嘗試著去走近孩子，理解孩子，這樣才能真正進入孩子的世界，了解孩子的思想，實現真正的思想與靈魂的交流。

當然，這裡也有一些方法可循：

❶ 不要總是否定孩子

不管孩子的想法有多不切實際，作為父母，都不該不問青紅皂白就直接否定。孩子願意和你交流自己的想法，心中必然是抱著被認可的期待的，父母毫不留情地否決會讓孩子感到受傷，感覺自己不被理解，以後也很難再主動向父母打開心扉。

所以，對於孩子的想法，即便父母不認同，也應該控制好心態，去了解孩子為什麼會這樣想，而不是一開始就強硬地否定。

❷ 把命令變成討論

如果你不認同孩子的觀點和打算，那就嘗試去和他討論，想辦法說服他。命令，或許可以讓孩子在父母權威的壓迫下屈服一時，卻無法讓他們真正意識到自己的決定有什麼問題，長遠來看，這對孩子未來的發展並沒有任何好處。

❸ 理解孩子的「不聽話」

孩子犯錯，父母自然要管教，但同時，父母也應當理解孩子「不聽話」的行為，理解他們對世界的好奇及探索欲。父母只有真正理解了孩子，才能保持平衡的心態，用正確的態度和方式引導孩子，教育孩子。

專家這樣說

減少和孩子說「不能」和「不要」的機會

「不能」、「不要」、「不許」、「不准」……父母總喜歡用這種方式對孩子的行為做出限制，卻往往缺少耐性去告訴他們，究竟為什麼「不能」、「不要」、「不許」、「不准」。

畢竟每天要做的事情那麼多，父母不可能都給孩子一個解釋，但這樣造成的結果是，孩子根本不明白自己為什麼會被訓斥，也根本不明白父母為什麼要限制自己，久而久之，就會形成「父母不講道理」的印象。

所以，當你沒有時間和精力給孩子一個明確的解釋時，還是把諸如「不能」和「不要」之類的話吞下去吧，試著轉移孩子的注意力，你會發現這樣做比強迫和命令帶來的效果更好。

❶ 用新事物轉移孩子的注意力

當你不希望孩子做某件事，但卻因為一些原因，而沒有足夠的時間或空間來講道理的時候，不妨考慮用其他新事物來轉移孩子的注意力，讓孩子主動停下正在做的事。孩子的注意力其實是很容易被分散的，如果你用強硬的態度去命令孩子，訓斥孩子的話，更容易激起孩子的反抗情緒。

❷ 巧妙引導孩子的行為

當年幼的孩子靠近可能造成危險的東西，比如熱水瓶的時候，很多父母第一反應可能都是衝過去，強硬而直接地把孩子抱起來，讓他遠離危險。這種方法其實並不高明，父母強硬的行為很可能會引起孩子的反感，因為他不知道自己究竟做錯了什麼，甚至還可能激發孩子的反抗心理。

這時，父母可以先迅速吸引孩子的注意力，比如大聲喊他的名字，再用其他安全的東西轉移孩子的注意力，這樣既能讓孩子迅速遠離危險，又不會引起孩子反感。

❸ 為孩子的行為設定「安全線」

為了孩子能安全健康地成長，父母應該給孩子制定一些規則，設定好「安全線」，讓孩子明白哪些事情是必須做的，哪些事情是堅決不能做的。當孩子接受並且習慣了「安全線」之後，自然就不會做出格的事情了，「不能」、「不要」、「不許」、「不准」之類的語言也就不會常常出現了。

濫用獎勵可能會造成反作用

——慎選獎勵的方式

為了可以得到 iPad，我這次一定要考前 10 名！
用禮物鼓勵孩子念書，難道不對嗎？

狀況3 考好成績只是為了贏得獎勵

這段時間，錚錚的媽媽逢人便訴苦：「從學前班到一年級，不知怎麼回事，錚錚變得好像離開獎勵就不願學習了，好像學習完全就是為了我似的。」原來，從學前班開始，為了讓錚錚用功學習，媽媽就激勵錚錚：「只要你好好學習，考好了要買什麼都可以。」

果然，錚錚在學習上非常用功，表現也很不錯，經常得到足球、玩具、零花錢等獎勵。最近升上一年級後，錚錚向媽媽提出，這學期的獎勵他想買一個iPad。媽媽擔心錚錚迷戀遊戲、動畫片等，斷然拒絕。結果，錚錚卻「威脅」：「如果你不給我買iPad，我就不再好好學習！」

媽媽對此感到迷惑不解：「這不成了為我，而不是為他自己學習了嗎？」

專家這樣說

獎勵必須適時適量、適度

對這種現象進行分析，我們就會發現，這是因為父母濫用獎勵而使孩子迷失了學習方向。

現在很多父母使用獎勵正面強化孩子的行為，這種獎勵不僅包括精神獎勵，也包括物質刺激，有時物質獎勵還特別誘人。孩子考試成績好壞不同，得到的精神、物質待遇截然不同，但有時獎勵並不能達到我們想要的結果。是獎勵本身存在問題嗎？其實，是使用獎勵的方式出了問題。

獎勵是激發孩子學習動機的誘因，但是盲目、頻繁地將外部獎勵與孩子的學習聯繫起來，就使孩子的學習變得被動和具有功利性，內部興趣反而受到抑制。好好學習、考出好成績只為了獲得獎勵，或者是「為父母而不是為自己學習」，正如錚錚說的「如果你不給我買iPad，我就不再好好學習了！」

因此，在激勵孩子的時候，獎勵方法一定要適時適量適度。

❶ 根據事情性質來決定是否獎勵

當孩子完成從零到一的突破時，比如第一次一個人睡覺、第一次自己去買東西、第一次自己去上學……，當孩子初次面臨有難度的任務時，單靠內部的動機是很難完成的，此時運用獎勵手段從外部激勵是必要的，可以適當給予一些獎勵。不過當我們給與孩子具體的獎勵時，請務必讓孩子知道這是透過他的努力而得到的成果。

如果是孩子已經有能力做好的事情，則不必給予獎勵，否則容易畫蛇添足。一旦哪天父母撤去了獎勵，孩子失去了物質的刺激，積極性也會即刻下降。

❷ 需綜合考慮家庭的經濟能力

在對孩子進行獎勵時，不能只考慮孩子的願望和要求，而要基於家庭的經濟能力，做出經濟上能夠承受的獎勵。

比如，有的父母薪水不高，每月有車貸、房貸，卻經常購買高價消費品給孩子作為獎勵。偶爾一次還可以，否則會失去激勵性，再想要激勵孩子，只能用更高價值的東西。長此以往形成惡性循環，不但達不到激勵效果，而且還容易驕縱了孩子，與獎勵的初衷背道而馳。

❸ 讓孩子明白獎勵的意義

對孩子進行物質獎勵時，一定要使孩子認識到：關鍵不是這件東西有多貴重、多稀有，也不是「你付出了什麼，我等價交易地付你報酬」，而是「你表現很出色」、「你這麼做是正確的，我們都以你為榮」的行動表示。父母使孩子認識到獎勵的意義，而不是讓孩子感受到外在因素的控制。

其實，對於一些低年齡的孩子來說，他們更在意來自父母精神上的獎勵，渴望來自父母的肯定和表揚，而非簡單的物質獎勵。所以，集點獎勵、語言激勵，往往比真金白銀更有效果，更能激發孩子的成就感和自豪感。這才是最持久有效的動力。

❹ 不要事先規定獎勵，而是事後給驚喜

掌握獎勵的時機，結果會有天壤之別。

以考試為例，如果你事先和孩子約定考出好成績就去博物館玩，那孩子就會認為自己是為了去博物館玩才好好學習，而不是因為想獲得知識。

如果將順序顛倒，事先不和孩子約定，但當孩子考試成績有進步時，你再跟他說：「你最近非常努力，這次考試有所進步。為了慶祝這個進步，這週末帶你去博物館玩吧。」這樣不但給了孩子驚喜，同時也讓孩子潛意識裡知道「好好學習才會有獎勵」。

「別和小孩子計較」——你也是過度放任的家長嗎？

狀況4 孩子調皮惡作劇，家長卻用「孩子小，不懂事」回應

馬先生住的老社區，樓層一共二十六層，近百戶人家。最近，他遇到了一件非常奇怪的事情，就是每次下班回家的時候，他都要等很長時間的電梯，因為電梯每一層都要停，但根本沒人從電梯裡出來。

這天，馬先生下班早了些，他正準備進電梯時，剛好一個媽媽帶著一個七、八歲的小男孩也進了電梯，小男孩看起來有些調皮，一進電梯就亂蹦亂跳。見這位媽媽並沒有制止孩子的意思，馬先生忍不住提醒：「小朋友，電梯裡不能這樣。」結果這位媽媽不以為然地回答：「孩子小，不懂事。」

幾秒鐘後，小男孩把電梯每一層的按鈕都按亮了，這種電梯比較老式，若每一層樓都要開關一次真的很慢。馬先生這才恍然大悟，原來之前就是這孩子搗亂，於是皺著眉道：「小朋友，你這樣不行喔。如果其他住戶有急事的話，這樣需要等很長時間的電梯，很容易誤事的。」

媽媽也不甘示弱：「他還小，你那麼凶幹什麼！」馬先生有些生氣。「這種做法明明錯了！」

「和小孩這麼計較，真沒教養！」媽媽拉著孩子嘟嘟嚷嚷走出了電梯。

專家這樣說

孩子還小，但他真的不懂事嗎？

現實中，不少父母總是喜歡在別人面前說自己孩子的不好，但真的有外人指責自己孩子做錯事時，大多數人卻總拿「孩子還小，不懂事，你別計較」這句話當作藉口，過分袒護孩子，縱容孩子的所作所為，推脫對孩子的管教無方。但年齡再小，也不是孩子逃避錯誤和責任的藉口。

試想，如果父母不讓別人指責孩子做錯了，自己也不告訴孩子哪裡錯了，孩子犯了錯意識不到，也不用付出代價，就無法分辨是非，這是多麼可怕的認知，這是對孩子成長的嚴重不負責，不是嗎？每一個孩子都具有極強的可塑性，父母的默許和不以為然，很可能會變成一種變相的鼓勵。

《弟子規》中有這樣一段話：「無心非，名為錯；有心非，名為惡。過能改，歸於無；倘掩飾，增一辜。」意思是，假如無意中做了壞事，叫作錯誤，而故意犯錯，則是罪惡。知錯能改，錯誤自然慢慢減少直到消失。但如果為了面子，死不認錯，百般掩飾，那就是錯上加錯了。

可見，犯錯不是過，不改才是錯。面對孩子的錯誤和過失，父母可以怎麼做呢？

❶ 孩子犯錯了，父母要及時制止

當孩子犯錯時，父母應該嚴肅指出孩子的過失，使他認識到自己的錯誤。即使孩子一時想不通，耍些小脾氣，也不要太在意，只要堅持下去，孩子才會真正認識到什麼是對的，什麼是錯的，哪些是可以做的，哪些是堅決不能做的。

比如，當孩子破壞公物、隨地扔垃圾的時候，父母要及時制止，告訴他不可以那樣做，並提醒他要愛護公物、垃圾入桶等。

❷ 引導孩子把錯誤當成學習的過程

孩子的成長是一個漫長的過程，他們的學習過程都遵循這樣一條規律：錯誤——學習——嘗試——糾正，在這樣的不斷循環中，他們才能不斷學習和成長。如果父母故意幫著孩子掩飾過失，雖然孩子暫時免於責罵或擔責，但同時也就失去了一次學習和成長的機會，這豈不是得不償失？

所以，面對孩子的錯誤或過失，父母不僅要及時制止，而且應該抓住機會，引導孩子把錯誤當成學習的過程，教導孩子正確看待錯誤，在錯誤中得到真理，找到做事的正確方法，這就是犯錯的價值和意義。

3 讓孩子為自己的犯錯付出代價

有些孩子自制力比較差，如果沒有為相應的錯誤受到懲罰，錯誤還會延續下去。

比如，有些父母看到孩子犯錯後馬上糾正，可能孩子意識到了自己的錯，但由於沒有受到懲罰，所以印象並不深刻，導致錯誤一再地出現。所以，讓孩子為自己的犯錯付出代價，是促使其成長和歷練的一種方式。

有個十一歲的男孩在院子裡踢足球時，不小心把鄰居家的玻璃踢碎了。鄰居向男孩索賠十二·五美元，當時這筆錢可以購買大約一百二十五隻雞。

男孩無力償還，無奈之下，只好回家找爸爸。爸爸問：「玻璃是你踢碎的嗎？」男孩低著頭回答：「是！」

爸爸說：「你踢碎的你就得賠。」男孩為難地說：「我沒錢賠人家。」爸爸說：「這十二·五美元我借給你，一年後還我。」

在接下來的一年裡，男孩一邊學習一邊打工，他起早擦皮鞋、送報紙，一年後終於掙回了十二·五美元並歸還父親。這位男孩叫雷根，後來成了美國總統。在回憶這件事時，雷根說：「通過自己的勞動來承擔過失，我懂得了什麼叫責任。」

讓孩子為自己的犯錯付出代價，雖然他會辛苦，但卻成長快速。

從生活中培養孩子的自理能力

——引導孩子面對挑戰

狀況5 媽媽一手包辦家事大小事

璿璿和淵淵是一對龍鳳胎姐弟，媽媽覺得兩姐弟的父親在外地工作，於是全心全意為他們，大小事情幾乎全部代勞，一直讓孩子過著衣來伸手、飯來張口的生活。

看到媽媽每天忙前忙後，有時姐弟倆也想幫幫忙。姐姐想幫著洗衣服，這時媽媽看一眼就皺皺眉頭：「笨手笨腳的，也搓不乾淨，一邊兒去吧，還不如我自己洗！」弟弟想幫著掃地，這時媽媽又會說：「這是幹什麼啊？跟草上飛似的！幫倒忙！」一把拿過掃把，「嘩嘩」自己打掃起來。

現在，姐弟倆十歲了，大小事依然都由媽媽代勞。早上起床，無論是穿衣服，還是疊被子，他們都得媽媽幫忙；就連吃個蘋果，他們都需要媽媽削果皮，切成小塊放在盤子裡。有時媽媽實在感到勞累，便叫兩個孩子做一些簡單的家務，可是嘮叨幾遍他們都不動彈，無動於衷。

見此情景，每次媽媽都感到非常傷心，向他們控訴：「我辛辛苦苦照顧你們兩個，你們怎麼這麼懶，我真是生了一對白眼狼！」

這時姐弟倆都會無辜地辯解：「不是我們懶，是我們什麼都不會呀！」

專家這樣說

剝奪孩子自理的能力，就是剝奪孩子獨立的能力

當孩子嘗試自己倒水時，你是否因為已經預想到大半杯水會倒在地上，弄得一塌糊塗的情形而大聲說：「別動，媽媽幫你。」

你是否因為孩子嘗試自己穿衣，擔心他穿不好，對他說：「媽媽幫你穿。」

你是否因為孩子嘗試做飯，擔心他把飯煮焦時說：「笨手笨腳的，還是媽媽來吧。」

在這樣環境下成長的孩子將來即使成績再優異，他也無法自己換洗衣服，沒有辦法自己做飯，無法適應沒有父母照顧的生活……，連生活都不能自理的孩子，是無法自己獨立生活的，更別提對社會有什麼貢獻了。

不少父母習慣的做法是：當孩子不會做事的時候，毫不猶豫地替孩子做。但這種教養方式只會讓孩子失去獨立嘗試的機會，各方面的能力得不到鍛煉，而對別人為自己做事習以為常，生存力都會被扼殺。在孩子習慣被照顧後，我們卻又抱怨孩子依賴性太強，缺乏獨立能力。

對孩子越不放手，孩子越讓你操心。即使你為孩子做得再多，也不能替代他一輩子。

從長遠看，如果我們真愛孩子，就應認真為孩子謀深遠，爸媽可以嘗試這樣做：

❶ 放開孩子的手，讓他去實踐

孩子自己能做的事情，一定要讓孩子自己來做。可以根據年齡，讓孩子獨立打理自己的生活，如三～五歲時自己刷牙、穿衣服、綁鞋帶等等；八～九歲開始學做飯、整理自己的房間、洗衣服等等。給孩子創造自己照顧自己的機會，形成一種「自己的事自己做，大人的事幫著做，不會的事學著做」的意識。

通過實踐，孩子也能夠提高能力，積累經驗，同時也積累自信。

❷ 賦予信任，相信孩子能夠做好

父母放手的時候，也要做到放心，不要用懷疑的眼光看孩子，真的相信他，嘗試鼓勵孩子，比如：「你可以做到！」、「我相信你有能力為自己做出適當的決定，如果你擔心，我和爸爸（媽媽）也很樂意和你討論。」來自父母的信任更能激起孩子的責任心，還可以增強孩子的自尊心和自信心。

如果孩子失敗了，父母也不要指責，而應幫助孩子分析原因，並給予指導，如此，才能讓孩子放開手腳去做事，逐漸脫離父母，成為一個真正的個體。

例如，如果孩子要去洗碗，那就不要擔心他洗不乾淨，或者弄濕衣袖，而只需在一旁觀察，給予鼓勵，並加以指導，讓他自己練習就可以了。

③ 不要插手，讓孩子自己想辦法

當孩子發出求助信號的時候，多數父母會第一時間上前去幫助。看似做了一件好事，卻會讓孩子養成一遇到問題不是自己思考而是求助的習慣。反過來想想，讓孩子自己找出解決問題的辦法，效果不是更好嗎？既鍛煉了孩子解決問題的能力，又滿足了孩子獨立的需要，還減輕了父母的工作量，何樂而不為！

比如，當孩子不知道怎樣才能把拼圖拼起來的時候，可以多讓孩子自己想辦法，「想一想，怎麼比較好？」、「你覺得可以的話，就試試這樣做。」……適當引導他們，先找最邊上的部分，然後再尋找與每一塊拼圖有相同顏色的拼圖。

孩子的成長是很驚人的，只要你相信孩子，給他們機會，他們一定會給你一個驚喜。

專家這樣說

讓孩子吃點苦，培養獨自飛翔的能力

現在的孩子大都很聰明，但大部分最後都沒能獲得意料中的成功，原因就在於他們缺乏意志力，缺乏堅持到底的精神。讓孩子吃點苦，其實不是為了讓孩子吃苦而吃苦，而是一種心理承受力的鍛煉，可以培養孩子堅強的意志、吃苦耐勞的精神，培養孩子的抗挫能力和耐挫能力，等等。

俗話說「人生不如意十有八九」，誰也說不準人生會遇到什麼，孩子們如果從小沒能品嘗什麼是苦難，什麼是挫折，長大後其心靈必然是脆弱的，難以抵禦人生風雨。

所以，父母有意識地創造一些條件，對孩子開展吃苦教育，非常重要，也很必要。

❶ 讓孩子有機會體會生活的艱辛

無論大寶還是二寶，孩子都是父母的寶貝，但為了培養孩子的意志和毅力，父母要讓他們有機會體會生活的艱辛，比如孩子上下學不必開車接送，而是讓他們自己去擠公車；或者讓孩子參加武術、跆拳道等體育鍛煉；在暑期可以讓孩子做些零工，到鄉下、貧困山區等地方體驗勞作等。在這些艱辛與快樂中讓孩子體會到生活的真諦，並且獲得各方面的成長。

❷ 父母要主動與孩子一起吃苦

父母是孩子的第一位老師，只知道享受的父母，是不可能培養出一個能「吃苦」的孩子的，所以父母需身體力行發揮榜樣的作用，主動與孩子一起吃苦，而不能只動嘴不動手。

比如，在寒冷的冬天，當孩子不想上幼稚園的時候，父母不要覺得孩子還太小，不去就不去，不妨頂著寒風帶著孩子一起去幼稚園；孩子和父母跑步，再有十幾公尺就要到達終點了，孩子喘著氣想放棄，父母不妨拉著孩子的手，一起奔到終點；當孩子不想做家事的時候，不要遷就，陪他一起做完。

吃苦來自生活中一點一滴的積累，來自一件件沒有妥協退讓的小事。

❸ 經常進行「誘導式」鼓勵和表揚

在吃苦的過程中，孩子意志消沉往往是難免的，父母大可不必驚慌失措，或者因此否定孩子的能力。正確的做法應該是，引導孩子把吃苦看成促進自己成長的機遇。

為此，父母要細心地觀察孩子，當看到孩子遇到困難而自己又難以克服時，鼓勵孩子遇事不焦躁，學會自己想辦法，必要時提供一些幫助。當發現孩子有進步時，要不失時機地表揚。或許孩子在困難或挫折面前有些退縮，但如果父母經常進行「誘導式」表揚，能夠給孩子莫大的勇氣。

「這一次你沒有哭，比以前強多了。」

「你雖然一開始動作慢了點兒，但是比過去進步了，值得表揚。」

❹ 不妨給孩子一點挑戰

所謂的「**挑戰**」是指令人不滿意、不舒服、不愉快的外界刺激。也就是說，父母要適當讓孩子蜜一般的生活中有那麼一點點的苦味，可以增強孩子的心理承受能力和克服困難的意志。

如果兩個孩子年齡尚幼，可以在遊戲中「製造」一點麻煩。

比如，孩子們搭積木時，父母可以假裝不小心將一座快建好的「高樓」弄塌，看著孩子沮喪或者憤怒的表情，你要誠懇地向孩子道歉，幫助孩子重新搭建「高樓」。也可以引導孩子分析「高樓」坍塌的原因，爭取下一次搭建得更好，進而幫助孩子獲得更多的韌勁和抗挫的能力，以及受挫折後的恢復能力，還有不向挫折低頭的精神。

親子守護站

針對弄倒積木的時候，可以如何引導孩子？

爸爸媽媽可以說：「看來我們再怎麼小心翼翼，總是會有意外發生，積木倒了感覺好挫折，我們可以怎麼做讓自己心情調整一下呢？我們可以怎麼讓它恢復呢？」

透過如上的引導方式，引導孩子慢慢一起將積木拼回來。

正向的手足教養

教養專家教你！引導孩子不吵架、不忌妒，
學會友愛、分享與合作的育兒祕笈！

作　　者	麗罡（呂麗莎）
社　　長	陳蕙慧
副總編輯	李欣蓉
編　　輯	陳品潔
封面設計	比比司設計工作室
行銷企畫	姚立儷、尹子麟
讀書共和國　社長	郭重興
發行人兼出版總監	曾大福
出　　版	木馬文化事業股份有限公司
發　　行	遠足文化事業股份有限公司
地　　址	231 新北市新店區民權路 108-3 號 8 樓
電　　話	（02）2218-1417
傳　　真	（02）2218-0727
Email	service@bookrep.com.tw
郵撥帳號	19588272 木馬文化事業股份有限公司
客服專線	0800221029
法律顧問	華洋國際專利商標事務所　蘇文生律師
印　　刷	成陽印刷股份有限公司
初　　版	2019 年 8 月
定　　價	330 元

國家圖書館出版品預行編目（CIP）資料

正向的手足教養 / 麗罡著. -- 初版. -- 新北市：木馬文化出版：遠足文化發行，2019.08
面；　公分
ISBN 978-986-359-696-7（平裝）

1. 親職教育　2. 親子關係

528.2　　　108010092